Biblioteca de Derecho Comercial

Carlos Antonio Agurto Gonzáles
(Director)

Sonia Lidia Quequejana Mamani
Benigno Choque Cuenca
(Coordinadores Generales)

SERGIO BORTOLANI
Profesor emérito de la Universidad de Turín
(Italia)

Los certificados de depósito en el sistema bancario estadounidense

Edición al cuidado de
Carlos Antonio Agurto Gonzáles
Sonia Lidia Quequejana Mamani
Benigno Choque Cuenca

Ediciones Olejnik

Título: Los certificados de depósito en el sistema bancario estadounidense.

Traducción de Lorenzo Agostini Jaspart.

Primera Edición en Ediciones Olejnik: 2021.

Ediciones Olejnik
Huérfanos 611, Santiago-Chile
E-mail: contacto@edicionesolejnik.com
Web site: http://www.edicionesolejnik.com

ISBN: 978-956-7799-36-7

Diseño de carátula: Ena Zuñiga

Diagramación: Hayden Méndez. hayden.mendezq@gmail.com

Impreso en Argentina 2021 Printed in Argentina

ÍNDICE

Los certificados de depósito 9
Facsímil de certificado de depósito 9
1. Introducción 11
2. Algunas nociones preliminares 13
3. Los factores que han llevado a la emisión de los certificados de depósito 26
4. La introducción de los certificados de depósito en 1961 33
5. Los antecesores de tos «nuevos» certificados de depósito 36
6. Las características técnicas de los certificados de depósito 42
7. El desarrollo de los certificados de depósito 46
8. Política monetaria, regla Q y certificados de depósito 57
9. La influencia de los certificados de depósito en la gestión bancaria 82
10. El mercado de los certificados de depósito 104

Abreviaturas 123

Los certificados de depósito

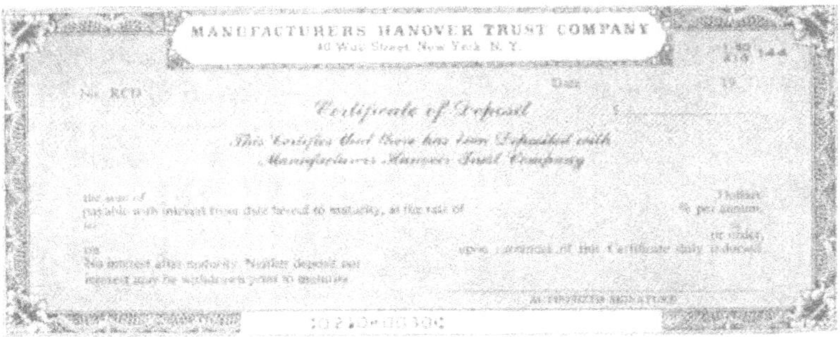
MANUFACTURERS HANOVER TRUST COMPANY

No. RCD

Date 19

Certificate of Deposit

This Certifies that there has been Deposited with Manufacturers Hanover Trust Company

AUTHORIZED SIGNATURE

Facsímil de certificado de depósito

MANUFACTURERS HANOVER TRUST COMPANY

No. BCD

Bearer Certificate of Deposit

This Certifies that there has been Deposited with Manufacturers Hanover Trust Company

the sum of Dollars

payable to BEARER on

AUTHORIZED SIGNATURE

1. *Introducción*

Un certificado de depósito («certificate of deposit», designado frecuentemente con la sigla CD) es un recibo entregado por un banco como contrapartida de una suma de dinero depositada durante un determinado período de tiempo a un determinado tipo de interés.

En los Estados Unidos de América los certificados de depósito, con la forma y características actuales, comenzaron a ser emitidos por los bancos comerciales a partir de 1961. La iniciativa, que partió del «First National City Bank» de Nueva York y que fue inmediatamente seguida por las restantes grandes entidades de crédito, tuvo como fin principal atraer los fondos líquidos de las grandes sociedades. Efectivamente, a partir de la segunda posguerra, los bancos que operaban en los más importantes centros financieros (Nueva York y Chicago fundamentalmente) habían visto como se reducía la importancia relativa de los medios por ellos obtenidos debido a dos circunstancias: la mayor pericia adquirida por las sociedades en la inversión de las sumas líquidas temporalmente disponibles; pericia estimulada además, por el mayor rendimiento de los títulos del mercado financiero, y la creciente agresividad de los intermediarios financieros no bancarios, competidores en la captación del ahorro. El año 1961 señala un cambio sustancial en la política seguida por las entidades de crédito más importantes: el abandono de la tradicional política de no pago de intereses sobre los depósitos efectuados por las grandes sociedades, con el fin de hacer frente al aumento de la demanda de préstamos con mayores fondos. Los certificados han supuesto una brillante respuesta a esta situación.

En realidad no son ninguna novedad en la historia bancaria de los Estados Unidos, pues ya con anterioridad a los años «sesenta» habían sido emitidos en diferentes formas. La característica que permite diferenciar netamente a los «nuevos» certificados de los «viejos» y que ha sido causa del éxito alcanzado por los primeros es la existencia de un mercado activo. Los «nuevos» certificados, negociables al igual que algunos tipos de los «viejos», difieren de estos completamente, pues el requisito de negociabilidad se ha convertido en una realidad gracias a la creación de un mercado adecuado por parte de los mayores «dealers» de Nueva York[1]. De este modo, el «nuevo» certificado de depósito, al que se refiere la presente monografía, se ha convertido en uno de los más importantes medios financieros a corto plazo, inmediatamente detrás —en lo que se refiere a volumen de circulación— de los Bonos del Tesoro.

Las ventajas que representan para los bancos y para las sociedades, principales adquirentes de los certificados de depósito, explican su rápida expansión y el favor que han encontrado: efectivamente, por un lado, las entidades de crédito que los emiten están seguras de que los fondos adquiridos estarán a su disposición hasta la fecha del vencimiento; por otro lado, el propietario del certificado sabe que puede obtener, en caso de necesidad, su dinero en cualquier momento vendiendo el título en el mercado.

Para las entidades emisoras, los certificados de depósito son una forma de captación de fondos sumamente onerosa, pues estos solo pueden ser vendidos si su tipo de interés es análogo al de otros medios líquidos de inversión equivalentes. Esto ha implicado algunos cambios en la gestión bancaria: para evitar que los incrementos de coste incidieran sobre los beneficios, las entidades de crédito han modificado sensiblemente la política de las aplicaciones de fondos, dirigiéndose hacia las de vencimiento más dilatado, pero de mayor rentabilidad, tales como los créditos de consumo, los hipotecarios, los a medio plazo y las obligaciones de las administraciones locales exentas de impuestos. También el problema de la liquidez ha sido objeto de un nuevo planteamiento con la introducción del concepto de «liability management» según el cual el pasivo no es un dato de hecho y, por tanto, es quizá más conveniente satisfacer las necesidades de liquidez mediante una adecuada variación de los depósitos en vez de hacerlo mediante el cierre de operaciones de tesorería. Los certificados, al ser especialmente sensibles a las modificaciones del tipo de interés, permiten —dentro de ciertos límites— poder regular el flujo de fondos en la cantidad deseada.

---

1 En el New York Stock Exchange, la más importante Bolsa de EE. UU., actúan las siguientes clases de intermediarios miembros de la corporación.

— El «broker», o agente propiamente dicho. Compra y vende por cuenta de clientes.

— El «two-dollar broker», que actúa en las operaciones de otro agente.

— El «specialist», que se ocupa por cuenta del agente de la vigilancia y ejecución de las órdenes;

— El «dealer», compra y vende por su propia cuenta.

— El «odd-lot dealer», que no recibe órdenes del público y actúa por cuenta propia. Compra y vende a su riesgo en cantidad inferior a los 100 títulos que se precisan para fijar un cambio. (N. del R.)

Estos, al igual que los otros tipos de depósitos a plazo y de ahorro, están sujetos a la regla Q, es decir, a las normas de la Reserva Federal en lo referente a los intereses máximos permitidos. En el curso de los años, dicha limitación ha tenido siempre una importancia decisiva para la existencia y desarrollo de los certificados, pues, mediante los oportunos retoques (o no) a la misma, la autoridad central ha podido determinar cuándo y en qué medida estos podían constituir una fuente adicional de medios para el sistema bancario. Las relaciones entre certificados de depósito y la Regla Q se examinarán ampliamente a la luz de las actuaciones de política monetaria.

El próximo epígrafe, dedicado a examinar algunas nociones preliminares referentes al sistema bancario y financiero estadounidense, no puede incluirse de modo específico en el objeto de la presente monografía, pero consideramos que es de cierta utilidad para la mejor comprensión de los epígrafes sucesivos.

2. *ALGUNAS NOCIONES PRELIMINARES*

La función del sistema crediticio en todos los países de economía occidental es la de fomentar el ahorro y asegurar la ordenada canalización del mismo hacia las formas de inversión más productivas. El cumplimiento de esta fundamental misión se realiza en los tiempos modernos mediante la creación y desarrollo de entidades especializadas. De entre las múltiples clasificaciones que de las mismas existen, reviste especial interés la que las divide en entidades de crédito e intermediarios financieros no bancarios. En los Estados Unidos los bancos comerciales son las únicas entidades que pueden aceptar fondos del público en la forma de depósitos a la vista, convirtiéndose así en unos directos creadores de dinero junto con el Banco Central y el Tesoro. Comenzaremos, por tanto, fijando nuestra atención en el sistema bancario, refiriéndonos a los intermediarios financieros no bancarios más adelante.

¿Cómo se estructura este en los Estados Unidos de Norteamérica? Tres son las fuentes de la disciplina bancaria: 1) la autoridad del gobierno (estatal o federal); 2) el Sistema de Reserva Federal; 3) el sistema de seguros de los depósitos, administrado por el Instituto Federal de Seguro de Depósitos («Federal Deposit Insurance Corporation» = FDIC).

En lo referente al primer punto, los bancos comerciales, que en su inmensa mayoría están constituidos bajo la forma jurídica de sociedad anónima[2] se subdividen en «national banks» y en «state banks», según

---

2 En algunos Estados existen «private banks», es decir, bancos que adoptan la forma de empresas individuales o colectivas. La legislación a que están sometidos es similar en

que la autorización («charter») necesaria para iniciar las actividades haya sido concedida, respectivamente, por el gobierno federal o por el del Estado[3]. La decisión de someter a la futura entidad de crédito a una u otra legislación la toman los promotores o los accionistas de la misma. La principal diferencia radica en la intensidad del control ejercido por el organismo que la concede y que suele ser más riguroso para los «national banks». Estos últimos integran la tercera parte de los bancos comerciales, si bien detentan aproximadamente el 60 % de la totalidad de los depósitos[4].

En lo referente al segundo punto, los bancos comerciales pueden o no pertenecer al Sistema de la Reserva Federal, siendo o no miembros de la misma. Como ya es sabido, el sistema bancario central de los Estados Unidos fue creado por el «Federal Reserve Act» de 1913, como compendio de las numerosas opiniones acerca de la forma más oportuna de reestructurar el sistema bancario y monetario del país. Se compone de los siguientes elementos[5]:

a) El Consejo de Gobernadores («Board of Governors»), que tiene su sede en Washington, encargado de llevar a la práctica y coordinar la política crediticia general; de controlar la actividad de los bancos de la Reserva Federal y de regular algunas operaciones de los bancos miembros del Sistema.

b) Doce bancos de la Reserva Federal («Federal Reserve Banks»), uno por cada uno de los doce distritos federales en que ha sido dividida la Confederación[6]. De este modo se satisface la exigencia, típica de un país territorialmente muy extenso y económicamente muy diversificado, de descentralizar el sistema para poder considerar las necesidades locales, armonizándolas con una visión global.

---

muchos aspectos a la vigente para los «incorporated banks».

3 Puede ser útil recordar que la expresión «Gobierno Federal» se refiere a la autoridad central, mientras que el término «Gobierno del Estado» indica el poder de cada uno de los 50 Estados (además del distrito de Columbia) de la Confederación americana.

4 «National» y «State banks» constituyen la clase de los bancos comerciales. A esta categoría pertenecen también los «trust companies», entidades financieras nacidas originariamente con un «trust charter», con el fin de poder desarrollar, además de las actividades bancarias, las del fiduciario. Ahora muchas «trust companies» son «national banks». Véase MUNN-GARCIA, «Encyclopedia of Banking and Finance», páginas 700-701 y 744.

5 Debido al carácter preliminar del presente epígrafe, no se mencionan en el texto ni el «Federal Open Market Committee» ni el «Federal Advisory Council», que son secciones separadas del Sistema de la Reserva Federal.

6 Los bancos de la Reserva Federal tienen sus sedes en Boston, Nueva York, Filadelfia, Cleveland, Richmond, Atlanta, Chicago, St. Louis, Minneapolis, Kansas City, Dallas, San Francisco.

c) Los bancos miembros. Todos los «national banks» han de pertenecer al Sistema de la Reserva Federal, mientras que los «State banks» pueden formar parte del mismo si demuestran poseer los requisitos necesarios para obtener la calificación de miembro. Así, más de la mitad de los bancos comerciales no pertenecen al Sistema, si bien representan únicamente, como máximo, el 18 % de los depósitos.

Finalmente, el Instituto Federal de Seguro de Depósitos —fundado en 1935 tras una crisis económica que había producido el que los depositantes desconfiaran de la solvencia de los bancos— tiene dos objetivos fundamentales: proteger a los «pequeños» ahorros del riesgo de pérdida (el FDIC asegura los primeros 15.000 dólares de cada cuenta de depósito) y efectuar un control de los miles de bancos que no son miembros del Sistema de la Reserva Federal, entidades que registraron un elevado índice de quiebras en los años «veinte». Casi todas las entidades de crédito están aseguradas (para los bancos miembros esto es una obligación); menos del 2 % de las mismas, que representan aproximadamente el 0,5 % del total de los depósitos, no pertenecen al FDIC.

Dos son las características principales estructurales del sistema bancario americano: el elevado número de entidades que lo forman y su heterogeneidad. A mediados de 1968 operaban 13.723 bancos comerciales[7]. Su falta de homogeneidad queda reflejada en la diversidad de las legislaciones adoptadas en cada Estado sobre las posibilidades de abrir establecimientos bancarios en su territorio. Tenemos así el «branch banking» y el «unit banking». Este último es el sistema predominante en los Estados Unidos: efectivamente, aproximadamente las tres cuartas partes de los bancos desarrollan sus actividades con una sola oficina: la central. El «unit banking» está muy extendido en los Estados incluidos entre el Valle del Mississippi y las Montañas Rocosas.

El «branch banking» se presenta bajo dos variedades: el «state wide branch banking», que permite la apertura de sucursales en todo el territorio del Estado y que es típico de los Estados occidentales de

---

7 Dicha cifra representa menos de la mitad de los existentes en los años «veinte». La larga serie de quiebras seguidas por la Gran Depresión y el vasto movimiento de fusiones que se inició en la segunda posguerra son factores que explican de modo fehaciente esta reducción numérica.

La tendencia a la concentración puede ya considerarse como una importante característica estructural del sistema bancario estadounidense. Para una visión sobre los diferentes problemas de orden económico y legal que ha suscitado, véanse los artículos contenidos en la sección «Commercial Banking: Problems of Competition and Control» (págs. 1-54) de ENTINE, «Monetary Economics Readings», y TAMAGNA-SOLOMON, «Le fusioni bancarie negli U. S. A.» (págs. 1771-1811).

la Confederación, y el «limited branch banking», que autoriza a un banco a tener únicamente un restringido número de sucursales en el condado[8] en el que el banco tiene la central o en los condados limítrofes (sistema que prevalece en los Estados orientales). Una cuarta parte de las entidades bancarias opera con aproximadamente 17.000 filiales.

A estas diferencias desde un punto de vista legal, hay que añadir otra desde un punto de vista económico. Además del «indipendent banking», en el que cada banco desarrolla sus actividades sin ningún control por parte de otras entidades de crédito, se encuentran el «chain banking» y el «group banking». El primero consiste en un acuerdo, mediante el cual dos o más bancos —cada uno de los cuales mantiene la propia personalidad jurídica y el propio capital— se colocan bajo el control de un mismo sujeto económico que no es una sociedad financiera («holding company»), elemento que es, por el contrario, característico del segundo tipo[9].

Una vez esquematizada la estructura del sistema bancario estadounidense, pasemos a examinar un tema que afecta de modo directo a los certificados de depósito: los tipos de depósitos que ofrecen los bancos comerciales. En primer lugar, estos se pueden dividir en dos grandes categorías: depósitos a la vista («demand deposits») y depósitos de ahorro o a plazo («time and saving deposits»), que difieren entre sí en los siguientes aspectos fundamentales:

a) La retirada de los primeros es inmediata, mientras que en los segundos el depositante está obligado a avisar la retirada al banco con al menos 30 días de antelación (sin embargo, los bancos rara vez requieren este preaviso en el caso de depósitos de ahorro);

b) los depósitos a la vista pueden utilizarse directamente como moneda mediante la emisión de un cheque, mientras que los otros depósitos han de ser previamente convertidos en dinero o en depósitos a la vista para ser utilizados como medio de pago;

c) los bancos únicamente pueden abonar un interés sobre los depósitos a plazo y los de ahorro.

Según la titularidad de la cuenta, los depósitos a la vista se dividen en: depósitos interbancarios, depósitos del gobierno federal y «otros»

---

8 El condado es una circunscripción territorial en el ámbito del Estado. De modo aproximado, si comparamos al «Estado» americano con la «región» italiana, podemos identificar al condado con la provincia.

9 Otra clasificación, que luego nos será de utilidad, es la que divide a los bancos en «reserve city banks» y «country banks», siendo estos últimos los bancos miembros del Sistema no situados en una de las 24 ciudades en las que se encuentran los Bancos de la Reserva Federal o sus filiales. Antes de 1962, los bancos de Nueva York y Chicago eran llamados «central-reserve-city banks» (y para ellos, por ejemplo, eran aplicables coeficientes de reservas obligatorias diferentes).

depósitos; los primeros son los efectuados por los «country banks», o los bancos clientes en los «city banks», o en los bancos correspondientes. Representan el 5 % del total de los depósitos. Los segundos, también llamados «Tax and Loan Accounts», tienen unas características especiales, pues el Tesoro nunca emite cheques sobre los mismos. Lo que sucede es que ciertos pagos debidos al gobierno federal pueden ser acreditados a dichas cuentas; luego, periódicamente, el Tesoro informa, a través de las «Federal Reserve Banks», a todas las entidades de crédito en las que tiene estas cuentas de que quiere que se transfiera un determinado porcentaje de su saldo a las cuentas que tiene abiertas en los bancos de la Reserva. La importancia cuantitativa de estos depósitos es modesta. Los «otros» depósitos, que constituyen más del 90 % del total de los depósitos a la vista, incluyen: *a)* los depósitos de los gobiernos estatales y locales, es decir, de todas las unidades no federales, tales como Estados, condados, ciudades, pueblos y distritos de los servicios públicos; *b)* los depósitos de los particulares, de las sociedades colectivas y de las sociedades anónimas[10].

Más interés tienen para nosotros los depósitos a plazo y de ahorro, pues en ellos se incluyen los certificados de depósito. En esta categoría se incluyen:

1) Los depósitos de ahorro («saving deposits»), de los que suelen ser titulares los particulares. La ley prohíbe a las sociedades ser titulares de dichas cuentas, si bien se lo permite a las instituciones sin fines de lucro. Dichos depósitos, representados por una cartilla, son, sin duda, los de mayor importancia numérica, pues las otras formas de depósito a plazo son más propias de los depositantes más importantes y de las sociedades. Los depósitos de ahorro no tienen vencimiento fijo y, como ya hemos dicho, prácticamente pueden ser retirados a la vista, con la única condición de perder los intereses acumulados durante el trimestre sobre la suma que se desea retirar.
2) Los certificados de depósito («time certificate of deposit»). Su definición oficial viene dada por el Consejo de Gobernadores del Sistema de la Reserva Federal en la regla Q[11], especificando que con la expresión «time certificate of deposits» se entiende un depósito, representado por un recibo, negociable o no, en cuyo

---

10 En el texto y salvo indicación contraria, la palabra «sociedad» debe entenderse referida a las sociedades anónimas («corporations»).

Los depósitos del tipo b) se indican en las estadísticas americanas con la expresión «IPC deposits», significando IPC «individuals, partnerships and corporations».

11 Véase Board of Governors, «Regulation Q: Payment of Interest on Deposit». La regla Q forma parte del complejo de normas, agrupadas en «reglas» de la A a la Z, emanadas del Consejo de Gobernadores y frecuentemente actualizadas, a las que tienen que someterse los bancos miembros del Sistema de la Reserva Federal.

anverso se establece que el importe del depósito es pagadero al portador o a una persona determinada o a la orden de esta:

— a una fecha fija especificada en el recibo, al menos 30 días después de la fecha de emisión del recibo; o

— al vencimiento de un determinado número de días, no inferior a 30, a partir de la fecha de emisión del recibo; o bien

— con aviso escrito, que debe darse con una antelación mínima de 30 días antes de la fecha de la retirada.

El pago únicamente se realiza con la presentación y entrega del documento.

3) Los depósitos a plazo «abiertos» («time deposits, open accounts»), que surgen de un contrato firmado por el depositante y el banco, en el que se establece que ninguna suma puede ser retirada antes del vencimiento fijado o del transcurso de un período de al menos 30 días a partir de la fecha del preaviso que el depositante «está obligado» a dar al banco. La principal diferencia entre un certificado de depósito y un depósito a plazo «abierto» es que en este último el importe del depósito no está prefijado, en el sentido de que el titular del mismo puede, en el transcurso del tiempo y a su discreción, incrementarlo: esto explica el término «abierto» con que se designa a estos depósitos. Estos depósitos y los certificados de depósito difieren de los depósitos de ahorro por tener un vencimiento fijo y por no existir limitaciones a la titularidad de los mismos. Efectivamente, el banco tiende a considerar a los depósitos de ahorro como pagaderos a la vista, y esta situación es consecuencia de la rivalidad entre las entidades de crédito y de la competencia existente entre estas y las otras instituciones captadoras de ahorro.

La importancia cualitativa y cuantitativa de las diferentes formas de depósito examinadas, así como su evolución en el tiempo, se examinarán en epígrafes posteriores, si bien debemos hablar ahora de dos reglamentaciones que atañen de modo directo a estas y condicionan la gestión y la política de los bancos; la vigente sobre tipos máximos de interés aplicables a los depósitos y la de las reservas obligatorias.

Como ya es sabido, en los Estados Unidos los intereses que los bancos comerciales pueden pagar sobre los depósitos no es libre, sino que están sujetos a unas limitaciones fijadas por el Consejo de Gobernadores en la regla Q[12]. Antes de la Gran Depresión de 1929-1933, los bancos

12 Dichas limitaciones (en inglés «ceiling», que literalmente significa lecho), son aplicables a todas las entidades de crédito miembros del Sistema de la Reserva Federal. Una ulterior limitación se establece en la Regla Q: los tipos de interés que los bancos miembros aplican

americanos solían pagar intereses tanto sobre los depósitos a la vista como sobre los a plazo, y esto se había convertido en una importante arma de competencia. Dicho instrumento fue desorbitado en los años «veinte», cuando los intereses correspondidos, especialmente sobre los depósitos a la vista, alcanzaron niveles altísimos, lo cual obligó a los bancos a invertir el dinero así recibido en formas de inversión altamente rentables, pero muy arriesgadas. La depresión que se produjo, imputable en parte también a esta situación anormal, puso de manifiesto la necesidad de un control por parte de los organismos competentes. Las «Banking Acts» de 1933 y 1935 prohibieron el pago de los intereses sobre los depósitos a la vista (prohibición aún vigente) y limitaron los correspondientes a los depósitos de ahorro y a plazo. La tabla I recoge las variaciones sufridas por los tipos de interés desde el 1 de noviembre de 1933 hasta el 1 de julio de 1969.

Únicamente dos observaciones por el momento: la primera se refiere a la tendencia de las variaciones que ha sido continuamente creciente, si se excluye el período de 1933 a 1935, debida a un reajuste posterior a la fase inicial de introducción; la segunda pone de relieve el hecho de que durante 21 años (desde 1936 a 1957) no ha habido necesidad de modificar los «ceiling», como consecuencia del hecho de que los restantes tipos de interés del mercado eran bajos y los bancos podían abonar unos intereses sensiblemente más bajos que el máximo.

También las reservas obligatorias sobre los depósitos son establecidas, para los bancos miembros, por el Consejo de Gobernadores del Sistema de la Reserva Federal[13]. El fin para el que se introdujeron era el de asegurar que las entidades de crédito mantuvieran en forma líquida una parte de sus fondos, en una determinada proporción con los depósitos, si bien hoy sirven más bien como un medio con el que el banco central controla el volumen de los créditos bancarios y, en definitiva, la oferta monetaria. Las reservas obligatorias, calculadas como un determinado porcentaje de los depósitos, pueden mantenerse

---

a los depósitos no deben, en ningún caso, exceder de los máximos abonados por los «state banks» y las «trust companies», en respeto de las leyes del Estado en el que el Banco miembro tiene su domicilio. En otras palabras, si la remuneración fijada por la autoridad estatal es más severa («ceiling» más bajo) hay que ajustarse al mismo.

En lo que concierne a los bancos que no son miembros, pero que están asegurados en el FDIC, dicho organismo ha establecido que a partir del 1.° de enero de 1936, los tipos aplicables a los mismos serán idénticos a los vigentes para los bancos miembros.

13 Los bancos que no son miembros del Sistema de la Reserva Federal están sometidos a la legislación del Estado en que tienen su domicilio. Existe al respecto una gran variedad de disposiciones que van desde la imposición de los mismos coeficientes para los depósitos a la vista y a los vinculados en algunos Estados, a la ausencia de reglamentación en otros y a la posibilidad de mantener las propias reservas en forma de títulos públicos en otros. Todos auspician la creación de una disciplina más uniforme que imponga a todos los bancos asegurados en el FDIC los mismos coeficientes en vigor para los bancos miembros.

bien en una cuenta corriente en el «Federal Reserve Bank» del distrito en el que el banco miembro tiene su domicilio o bien (para una reducida fracción) en forma líquida en la caja del mismo. Actualmente estas vienen medidas por tres parámetros: *a)* el tipo de depósito, a la vista o a plazo; *b)* la posición geográfica del banco, «reserve city» o «country»[14]; *c)* el importe de cada cuenta de depósito, inferior o superior a los 5 millones de dólares (desde 1966 para los depósitos a plazo y desde 1967 para los a la vista)[15].

TABLA 1

TIPOS MÁXIMOS DE INTERÉS

PAGADEROS SOBRE LOS DEPÓSITOS A PLAZO Y DE AHORRO (EN % ANUAL)

A) intereses desde el 1 de noviembre de 1933 al 19 de julio de 1966

TIPO DE DEPÓSITO	Pecha de entrada en vigor							
	1 nov. 1933	1 feb. 1935	1 ene. 1936	1 ene. 1957	1 ene. 1962	17 jl. 1963	24 nv. 1964	6 dic. 1965
Depósito de ahorro:								
12 o más meses	3	2,5	2,5	3	4	4	4	4
menos de 12 meses ...	3	2,5	2,5	3	3,5	3,5	4	4
Depósito a plazo[16]:								
12 o más meses	3	2,5	2,5	3	4	4	4,5	5,5
de 6 a 12 meses	3	2,5	2,5	3	3,5	4	4,5	5,5
de 90 días a 6 meses...	3	2,5	2	2,5	2,5	4	4,5	5,5
menos de 90 días (30-89 días)	3	2,5	1	1	1	1	4	5,5

14 No obstante, el Consejo de Gobernadores está facultado para permitir a un banco miembro situado en una «reserva city» a mantener coeficientes de reservas más bajos que los establecidos para los restantes bancos de la misma ciudad, teniendo así en cuenta más la naturaleza de los negocios que la posición geográfica (Ley de 28 de julio de 1959, 86-114).

15 Para, los cambios que se han sucedido hasta llegar a la situación actual, véase KREPS-PUGH, «Money, Banking and Monetary Policy», páginas 109-113.

Los coeficientes de reservas obligatorias vigentes el 17 de abril de 1969 para todos los bancos miembros son los siguientes (en porcentaje de los depósitos:

1) Depósitos a la vista: «reserve city banks», 17-17 ½; «country banks», 12 ½-13;

2) Depósitos de ahorro: 3 (para todos los tipos de bancos);

3) Depósitos a plazo: 3-6 (para todos los tipos de bancos).

(El primer número indica el porcentaje requerido para los depósitos inferiores a los 5 millones de dólares, el segundo el requerido para depósitos superiores a los 5 millones de dólares).

16 Para las excepciones referentes a algunos tipos de depósitos a plazo de extranjeros, véase «Bulletins», octubre de 1962, pág. 1279; agosto 1965, pág. 1084; febrero 1968, pág. 167; octubre 1968, pág. 872. Véase también más adelante nota 60.

b) Intereses desde el 20 de julio de 1966

TIPO DE DEPÓSITO		Fecha de entrada en vigor		
		20 Jul. 1966	26 sep. 1966	19 abr. 1969
Depósitos de ahorro		4	4	4
Depósitos a plazo[16]:				
Vencimiento múltiple[17]: 90 o más días.		5	5	5
menos de 90 días (30-89 días)		4	4	4
Vencimiento único: menos de 100.000 dólares.		5½	5	5
100.000 o más dólares:	30-59 días	5½	5½	5½
	60-89 días	5½		5¾
	90-179 días	5½	5½	6
	180 o más	5½	5½	6¼.

FUENTE: FEDERAL RESERVE BULLETIN.

Una vez examinada someramente la estructura del sistema bancario y los tipos de depósitos, veamos algunos conceptos básicos sobre los otros intermediarios financieros, considerando especialmente los más directos competidores de los bancos en la captación del dinero que busca una remuneración: las cajas de ahorro («mutual saving banks»), las entidades de ahorro y crédito inmobiliario («saving and loan association») y los bancos populares cooperativos («credit unions»).

Las primeras son instituciones sin fines de lucro y actúan únicamente en interés de los depositantes, bajo el control de las comisiones bancadas del Estado. Su primitivo fin —fomentar el ahorro— sigue siendo su principal objetivo. Son una de las más antiguas organizaciones financieras de los Estados Unidos y tienen la particularidad de estar altamente concentradas, desde un punto de vista geográfico, en la región nororiental del país[18]. Ninguna de estas instituciones existía en 1800, pero hacia la mitad del siglo eran ya un centenar; su desarrollo fue muy rápido hasta 1880, especialmente porque hasta

17 Los depósitos a plazo con vencimiento múltiple incluyen aquellos depósitos automáticamente renovables a su vencimiento sin necesidad de ninguna acción por parte del depositante y los depósitos pagaderos tras preaviso de retirada.

18 A finales de 1968, existían exactamente 500 cajas de ahorro que desarrollaban sus actividades en 18 Estados. Más de la mitad de las mismas estaban localizadas en Massachussets y Nueva York y las restantes (excepto unas veinte) en los restantes estados del «New England» y del medio Atlántico. Más del 45 % del total de los depósitos se encontraban en las cajas de ahorro de Nueva York City.

esa fecha no tenían prácticamente competidores en la captación del pequeño ahorro en las crecientes poblaciones urbanas; los bancos se interesaban por el sector empresarial y las entidades de crédito y de crédito inmobiliario estaban aún por nacer. Desde entonces, sin embargo, en porcentaje, la parte de los depósitos totales administrada por las cajas de ahorro ha bajado continuamente, exceptuando algunos años a comienzos de los años «veinte» y de los años «treinta», aunque en valor absoluto el crecimiento ha sido continuo. Dicho fenómeno se debe fundamentalmente al hecho de que dichas instituciones no rebasan nunca los límites de su domicilio original, no siguiendo y fomentando el ahorro en las regiones occidentales, en el tiempo de las grandes emigraciones hacia el Far West. En la segunda posguerra, su desarrollo no ha sido tan intenso como el de otros intermediarios financieros y en los años más cercanos a nosotros han sentido la competencia de los bancos comerciales en la captación de depósitos. Sin embargo, aún siguen siendo los más importantes captadores del ahorro particular en muchos estados del Este.

La forma de remuneración de los depósitos no es el interés, sino una especie de interés-dividendo, que es fijado periódicamente por el Consejo de Administración, teniendo en cuenta otros tipos de interés corriente. No obstante, es cierto que dicho tipo de interés tiende a mantener un alto grado de estabilidad. Si bien las cajas de ahorro están autorizadas por las legislaciones de los diferentes Estados a solicitar un preaviso, que va normalmente de los 30 a los 60 días, para la retirada de las sumas depositadas, raras veces hacen uso de esta facultad. Además, estas no tienen, o por lo menos no con la misma intensidad, los problemas típicos de los bancos comerciales referentes a la liquidez, tanto porque no aceptan depósitos a la vista como porque no están sujetas a las normas sobre reservas obligatorias[19]. Existen, en cambio, ciertas restricciones legales concernientes a la inversión de las sumas recaudadas, motivadas por la preocupación de que los fondos se empleen en inversiones rentables y, sobre todo, seguras, para protección de los depositantes. Así, en el transcurso de los años ha ido adquiriendo creciente importancia la parte de los activos invertida en préstamos hipotecarios.

Las instituciones de ahorro y crédito inmobiliario son el segundo tipo de intermediarios financieros que vamos a considerar[20]. Tienen

19 Ya se habrá observado en el texto la diferencia existente entre las cajas de ahorro americanas y las italianas. Para mayor claridad digamos que mientras que las primeras presentan notables diferencias con los bancos comerciales del país, las segundas no difieren sustancialmente —al menos en el aspecto operativo— de las entidades ordinarias de crédito.

20 Dichos institutos pueden recibir el «charter», es decir, la carta constitutiva, de la autoridad federal o de la estatal: en el primer caso se denominan siempre «saving and loan

como fin promover la propiedad privada de la vivienda. Son, por tanto, entidades altamente especializadas en la concesión de préstamos que facilitan la construcción de inmuebles, especialmente viviendas para uso de una sola familia y casas para un máximo de cuatro familias.

Comenzaron a surgir en la segunda mitad del siglo pasado y al principio se desarrollaron lentamente, pero al finalizar el siglo su crecimiento fue impresionante y su número alcanzó casi las 6.000 unidades. Otros períodos de fuerte expansión han sido los años posteriores a las dos conflagraciones mundiales: especialmente en la segunda posguerra, los fondos recaudados por dichas instituciones registraron un fuerte incremento, tanto en términos absolutos como relativos, como resultado de una agresiva campaña de promoción de nuevas cuentas y de una fuerte posición competitiva en el mercado de préstamos hipotecarios. Su éxito debe atribuirse en gran medida a la remuneración dada por estos, que en muchos lugares resulta más atractiva que la ofrecida por las entidades de crédito ordinarias sobre los depósitos.

Otras características relevantes de estos institutos pueden observarse analizando sus semejanzas y diferencias con las cajas de ahorro:

a) Ambos intermediarios compiten en la captación del ahorro, aunque en formas técnicamente diferentes; mientras que, como hemos visto, las cajas de ahorro aceptan depósitos, las otras instituciones obtienen fondos fundamentalmente a través de la venta de acciones. Ninguno de los dos tipos tiene, prácticamente, vencimiento fijo.

b) Ambos están organizados preferentemente como cooperativas, en beneficio de los depositantes o de los accionistas-depositarios, respectivamente[21]; además, la concesión de préstamos a cualquier demandante cualificado es política común.

c) La distribución geográfica de las «saving and loan associations» es más uniforme y cubre todo el territorio nacional, con una alta concentración en las áreas urbanas, dada la especial naturaleza de sus préstamos. La distribución territorial queda reflejada por

---

associations»; en el segundo, su denominación puede variar, convirtiéndose en «building and loan associations», «cooperative banks», «homestead associations» o en expresiones análogas. En el texto nos referiremos siempre a la totalidad de estos intermediarios financieros.

21 Mientras que hoy el número de cajas de ahorro con fines lucrativos es reducido, son más abundantes las «saving and loan associations» de este tipo, en las cuales existen los «stokholders» (los auténticos accionistas) y los «shareholders» o «saving account holders) (accionistas-depositarios). Las instituciones de ahorro y crédito inmobiliario poseen el 75 % de todos los activos del sector.

el número de unidades operativas de ambos: más de 6.200 para los citados institutos, 500 para las cajas de ahorro.

d) Tanto estos como las cajas de ahorro y crédito inmobiliario emplean la mayor parte de sus fondos en la concesión de créditos hipotecarios, pero la importancia cuantitativa de los segundos es mucho mayor. Las diferentes razones por las cuales estas instituciones invierten una tan considerable cantidad de sus fondos en el mercado de las hipotecas deben buscarse en causas históricas. Efectivamente, muchas «saving and loan associations» fueron fundadas por constructores o agentes inmobiliarios, con el fin de obtener medios económicos para incrementar sus negocios. Fue, por tanto, la demanda de medios a colocar en hipotecas la que transformó a estas instituciones en institutos de ahorro, mientras que las cajas de ahorro se convirtieron en concesionarias de hipotecas, con el fin de encontrar una forma satisfactoria de remuneración del ahorro ya obtenido[22].

A consecuencia de las afinidades mencionadas, diversos Estados permiten, bajo determinadas circunstancias, a cualquiera de los dos tipos de intermediarios citados, asumir la forma jurídica del otro.

La seguridad y liquidez de las «saving and loan associations» vienen fijadas por las siguientes disposiciones: 1) las entidades miembros del «Federal Home Loan Bank System»[23] deben mantener, por lo menos, el 7 % de su activo en caja o en obligaciones del gobierno federal; 2) un flujo automático de ingresos se produce periódicamente como consecuencia del pago mensual de los intereses y de la cuota de amortización del capital por aquellos individuos a los que les ha sido abierto un crédito hipotecario; 3) una posibilidad de financiación se ofrece a todas las entidades miembros del «Federal Home Loan Bank System» mediante la concesión de préstamos a corto y largo plazo[24]; 4) la «Federal Saving and Loan Insurance Corporation» (FSLIC) asegura

22 Véase ETTIN, «The Developpement of American Financial Intermediaries», pág. 55.

23 Véase la nota siguiente.

24 El «Federal Home Loan Bank System» representa, aproximadamente, para los «saving and loan associations» lo que el «Federal Reserve System» para los bancos comerciales. Fue creado en 1932 con el fin de suministrar un grupo de entidades de «redescuento» en el campo de la financiación sobre bienes inmuebles urbanos. Está integrado por 11 «Federal Home Loan Banks», que desarrollan sus funciones bajo la vigilancia general de la «Home Loan Bank Board».

Todas las entidades de ahorro y crédito inmobiliario que han recibido la correspondiente autorización de la autoridad federal tienen que pertenecer al sistema, mientras que las que actúan en función de un «charter» estatal tienen la facultad de solicitar su admisión al mismo. Actualmente, las entidades que representan más del 98 % de los activos pertenecen al sistema, el cual, como ya se ha dicho, financia a estas y no directamente al público.

todas las cuentas de las entidades miembros hasta un máximo de 15.000 dólares.

Veamos, finalmente, las «credit unions». Su importancia cuantitativa respecto a los intermediarios examinados anteriormente es muy inferior, a pesar del gran desarrollo que alcanzaron en la posguerra. Son asociaciones entre grupos de personas que tienen un lazo común (por ejemplo, empleados de una misma empresa, comunidades civiles o religiosas), las cuales únicamente aceptan imposiciones de sus miembros y exclusivamente a estos conceden prestamos. Son muy numerosas —más de 22.000—, diseminadas por todo el territorio nacional y en su mayor parte son de dimensiones reducidas[25]. Cada socio tiene que ser propietario de por lo menos una acción, con lo cual tiene el voto[26]; sin embargo, muchos socios adquieren más de una acción al considerar esto como su principal o exclusiva forma de depósito y fuente de remuneración de sus ahorros. El pago de los dividendos y de los gastos de gestión se cubren con los ingresos procedentes de los intereses sobre los préstamos y el rendimiento de otras inversiones.

Debemos dar ahora algunas cifras para comprender las relaciones cuantitativas existentes entre los intermediarios estudiados, incluyendo los bancos comerciales. En los 20 años transcurridos entre 1945 y 1965 el total de los depósitos a plazo y de ahorro de los bancos y cajas de ahorro y de las acciones («share accounts») emitidas por las «saving and loan associations» y por las «credit unions» se ha multiplicado por 6, aunque con porcentajes de aumento muy diferentes: 5 para los primeros, 3,5 para las segundas, 15 para las terceras y 22 para las últimas. Estos incrementos son absolutos, mientras que los siguientes porcentajes reflejan los cambios en las posiciones relativas: los bancos comerciales, que en 1945 detentaban el 56 % del total de los fondos considerados, al cabo de los 20 años han registrado una disminución del 10%; también las cajas de ahorro han sufrido una disminución (del 29% al 16%). Lo contrario les ha sucedido a las otras dos instituciones: las entidades de ahorro y crédito inmobiliario han pasado del 14 % al 35 % y las «credit unions» del 1 % al 3 %[27].

---

25 Aproximadamente la mitad de las mismas tienen activos inferiores a los 100.000 dólares. La dimensión media (medida por el valor de los activos) es de 375.000 dólares con 700 miembros.

26 Cada miembro tiene derecho a un solo voto, independientemente del número de acciones que posea.

27 Estos datos están sacados de KREPS-PUGH, obra citada, pág. 225.

3. *LOS FACTORES QUE HAN LLEVADO A LA EMISIÓN DE LOS CERTIFICADOS DE DEPÓSITO*

La decisión de emitir los certificados de depósito a partir de 1961 es el fruto de una serie de tendencias y cambios que se habían producido anteriormente[28]. El análisis de su desarrollo requiere dos aclaraciones previas. En primer lugar, los factores que han determinado la introducción de los certificados de depósito se analizarán separadamente con fines de orden y sistema, pero no hay que olvidar que en la realidad estos han actuado conjuntamente, en estrechas relaciones de interdependencia y, a veces, de causa efecto. En segundo lugar, hay que tener en cuenta que el problema de los certificados de depósito es típico de los grandes bancos, pues estos son los depositarios de los fondos de las grandes sociedades; por tanto, nos referiremos a este restringido número de entidades de crédito, con especial referencia a las de Nueva York[29].

Los certificados de depósito han sido una respuesta a la voluntad de los bancos de:

1) competir nuevamente por la obtención de los fondos líquidos de las empresas;
2) hacer frente a la creciente demanda de créditos;
3) ganar el terreno perdido frente a las entidades de crédito en otras zonas del país;
4) establecer una agresiva competencia con los otros intermediarios financieros.

Examinemos separadamente cada uno de estos puntos.

En el transcurso del tiempo ha variado la actitud de las empresas respecto a las sumas no invertidas temporalmente en el proceso productivo. En los años «treinta», las sociedades no prestaban atención a la posibilidad de invertir dichos fondos, pues, por un lado, los intereses del mercado monetario eran muy bajos, y, por otro, los bancos eran remisos —e incluso opuestos— a aceptar depósitos a plazo. Los bancos justifican esta política con el hecho de que la liquidez era alta, la demanda de crédito débil y la remuneración obtenible, invirtiendo el dinero así conseguido poco atractiva. Así, a pesar de que a partir de 1933 estuviera en vigor la prohibición de abonar intereses sobre

28 Algunas circunstancias favorables han contribuido al éxito de la emisión de certificados de depósito. Estas están relacionadas con la política monetaria llevada a cabo por el poder público y se examinarán, por tanto, en el epígrafe 8.

29 Los grandes bancos de Nueva York, además de sentir con mayor intensidad el problema en cuestión, tienen interés por ser una especie de guía para las restantes entidades de crédito. Pocas veces una innovación no arranca de Wall Street.

los depósitos a la vista, las empresas mantenían la mayor parte de sus recursos en esta forma.

La segunda guerra mundial cambió radicalmente la situación. Durante los años de la conflagración se emitieron títulos públicos con gran intensidad para financiar los crecientes gastos bélicos. Dichas obligaciones fueron adquiridas en grandes cantidades por las empresas, como alternativa a la inseguridad de las inversiones directas, especialmente después de la decisión de la Reserva Federal de mantener su precio, eliminando así el riesgo de pérdida para sus poseedores. La tendencia general al aumento en los tipos de interés en los años «cincuenta» contribuyó a intensificar la gestión del dinero de caja, junto a otros motivos de menor importancia[30]. Por tanto, cada vez era más costoso dejar los fondos en las improductivas cuentas a la vista y se buscaron formas de utilizarlos cada vez más sofisticadas.

En un primer momento, las empresas recurrieron casi exclusivamente a los títulos emitidos por el gobierno federal, pues estos reunían diferentes ventajas. Eran obligaciones muy seguras, que gozaban de un vasto y bien desarrollado mercado y que concedían remuneraciones atractivas, especialmente después del «acuerdo» Tesoro-Reserva Federal de 1951, que señaló el establecimiento de una política monetaria más flexible[31]. De entre estos los más solicitados eran los títulos a corto plazo, dada su mayor liquidez. Con el paso del tiempo, las crecientes disponibilidades de caja y la mayor pericia adquirida por las empresas en una activa gestión monetaria llevaron a las mismas a investigar otros mercados, buscando más refinadas y elaboradas formas de utilización del dinero no invertido en el proceso productivo directamente. Se tomaron así en consideración otros instrumentos del mercado monetario, como títulos extranjeros, y, en años más recientes, las obligaciones de las administraciones locales o estatales. Un tipo especial de inversión fue (y lo es todavía) el representado por el acuerdo de recompra («repurchase agreement»),

---

30 Entre estos, por ejemplo, se pueden citar el incremento de liquidez debida a la aplicación de coeficientes de revaluación del capital y el sensible aumento de las sumas destinadas trimestralmente al pago de impuestos y tasas.

31 El «acuerdo» de 3 de marzo de 1951 ponía fin a un período de creciente tensión entre el Tesoro y la Reserva Federal. El primero opinaba que la política monetaria era un instrumento ineficaz contra la inflación y que, por tanto, la falta de mantenimiento del curso de los títulos públicos por parte de la Reserva Federal, mantenimiento efectuado en los años bélicos y en los inmediatamente posteriores, únicamente traería consecuencias negativas, sin los correspondientes beneficios. Dicha opinión, naturalmente, no era compartida por los representantes de la Reserva Federal, los cuales, al final, consiguieron imponer su punto de vista: desde ese momento la autoridad monetaria quedaba en libertad de seguir una política más flexible determinada por las condiciones de la economía más que por las necesidades financieras del Tesoro. En el mercado de los títulos públicos, por tanto, los tipos pudieron variar más ampliamente y, en general, tendieron al aumento.

mediante el cual los «dealers» obtienen un medio de financiación para su cartera de obligaciones. En virtud de dicho contrato, el «dealer» vende un determinado importe de títulos a la empresa, con el compromiso de readquirirlos a un determinado vencimiento o cuando una de las partes decide poner fin al acuerdo. Las ventajas para la empresa pueden resumirse en la obtención de un beneficio (diferencia entre el precio de compra y el de venta), en la posibilidad de poder elegir la duración de la inversión según sus necesidades y en la ausencia de riesgo derivado de fluctuaciones del mercado. El «dealer», por su parte, encuentra una indispensable fuente de financiación relativamente barata. Las empresas se han convertido, en el transcurso de los años, en las principales proveedoras de estos fondos, sustituyendo en parte a los bancos comerciales[32]. En conjunto, la relación caja/ventas de las primeras, es decir, el índice que expresa la cantidad de activo mantenido en forma líquida referido al valor de las ventas, ha pasado del 7,6 % en 1946 al 4,1 % en 1961[33].

Todas las iniciativas que acabamos de estudiar han inducido a considerar la actividad financiera de las grandes empresas como un «segundo sistema bancario», con obvias repercusiones negativas para las entidades de crédito. La obtención de los fondos líquidos de las empresas debía ser el objetivo de estas últimas, y a ello se dedicaron mediante la introducción de nuevas facilidades técnicas de varios tipos, con el doble fin de aumentar la remuneración al depositante y elevar la liquidez de las cuentas a plazo. Dichas medidas resultaron ineficaces y únicamente un cambio radical en la política bancaria podía alcanzar el fin deseado. Como veremos más adelante en este mismo epígrafe, había que ofrecer a las empresas una forma de depósito atractiva y líquida, competitiva con los otros instrumentos del mercado monetario.

La necesidad de competir nuevamente para obtener los fondos de las empresas respondía al deseo de satisfacer a la demanda de créditos creciente, en el tiempo, a un ritmo superior al de la recogida de fondos. Por tanto, consideremos este factor que ha contribuido a la emisión de certificados de depósito, estudiando fundamentalmente sus efectos sobre la liquidez bancaria. Mientras que en los años «treinta» la moderada demanda de prestamos no ocasionaba problemas de liquidez a los bancos, el período posbélico, por el contrario, puso de relieve este problema.

---

32 No podemos extendernos más en el texto sobre este interesante instrumento del mercado monetario. Para más detalles, véanse los artículos «oficiales»: FEDERAL RESERVE BANK OF CLEVELAND, «Repurchase Agreements», págs. 19-30, y FEDERAL RESERVE BANK OF RICHMOND, «Dealer Loans and Repurchase Agreements), págs. 35-42.

33 Véase LAW-CRUM, «New Trend in Finance», págs. 116-117.

Una medida de la liquidez es la relación prestamos/depósitos, definida por el total de los prestamos, menos los concedidos a otros bancos, a los «brokers» y a los «dealers», dividido por el total de los depósitos, menos el importe de los cheques en vías de compensación[34]. Expresa la parte de liquidez no disponible para incrementar la actividad crediticia. La significatividad de dicho índice queda limitada, porque, por un lado, no tiene en cuenta el porcentaje que del total representan los depósitos a la vista y los a plazo, y, por otro, incluye todos los prestamos, prescindiendo de su vencimiento. Por tanto, una apreciación al respecto debe ir acompañada de la consideración de importantes aspectos cualitativos[35].

El constante incremento de este índice, desde 1946 a 1961, interrumpido únicamente durante las fases de depresión, se representa en el gráfico I. Los principales motivos de este crecimiento han sido la amplia liquidez del sistema bancario al final de la segunda guerra mundial, la sucesiva fuerte demanda de créditos por parte del sector privado y el deseo de los bancos de aceptar una situación de liquidez cada vez más reducida[36]. El bajo valor del índice a finales de 1946 (22 %) reflejaba la ausencia de demanda de crédito, consecuencia del desarrollo negativo de los años «treinta» y de los años de la guerra, así como la fuerte proporción de títulos públicos que integraban el activo bancario. Pero con el resurgir de la actividad económica, los particulares se dirigieron de nuevo a los bancos para financiar el proceso productivo. A finales de 1953, el índice era ya del 40 %, es decir, un valor casi doble del indicado para 1946. Las interrupciones de la tendencia («trend») ascendente, coincidiendo con las cuatro fases recesivas posbélicas, fueron pequeñas y fueron siempre seguidas por

---

34 La sustracción de los préstamos a los bancos, a los «brookers» y a los «dealers» del total que figura en el numerador de la relación es oportuna, pues estos conceptos representan medios con los que los bancos corrigen variaciones temporales del nivel de sus reservas. Otra es la razón para restar el importe de los cheques en vías de compensación («cash items in the process of collection») del denominador de la relación: dicho importe refleja el hecho de que cuando un individuo ingresa un cheque en su cuenta de depósito, este se acredita uno o dos días antes de que se debite la cuenta de la persona que lo emite. Para evitar una duplicación, hay que restar dicho importe del denominador.

35 Con frecuencia dicho índice es relacionado con la expresión «activo líquido/depósitos», que indica la liquidez inmediata. Ambos índices dan una medida imperfecta de la misma, el primero a largo plazo y el segundo a corto, pero en conjunto nos dan una idea de la dirección en que la misma se mueve. Obsérvese que ambos varían normalmente en sentido opuesto en los diferentes períodos del ciclo económico: así, por ejemplo, en una fase de depresión, con una demanda de préstamos generalmente reducida, la relación «prestamos/depósitos» tiende a disminuir, mientras que el otro índice tiende a aumentar. Dada esta peculiaridad, consideramos suficiente a nuestros fines el análisis de únicamente el primer índice.

36 Véase Cox, «Loan-Deposit ratio», pág. 65. A dicho artículo nos volveremos a referir durante la exposición.

una recuperación mayor que la pérdida sufrida. A finales de 1960, el valor del índice estaba en torno al 55 % y empezaba a constituir, para algunos bancos, una limitación a su política crediticia expansiva (el problema era más grave para los bancos de Nueva York, cuyo índice era aproximadamente el 65 %). Así se pasó, en el período considerado, de un fuerte deseo de incrementar los créditos a la dificultad de hacer frente a dicha demanda. Es verdad que cambió, simultáneamente, la actitud de las entidades de crédito en el sentido de que estuvieron dispuestas a operar con una relación prestamos/depósitos cada vez más alta, debido probablemente al perfeccionamiento de las técnicas de gestión, a un más ordenado desarrollo económico y al surgir y perfeccionarse especiales sectores del mercado de los títulos a corto plazo a los que recurrir para corregir temporales desequilibrios o desfases entre las entradas y las salidas. A pesar de ello, el problema de la liquidez se advertía y se acentuaba: una manera de resolverlo era la de atraer nuevos fondos, especialmente apartando a los de las grandes empresas del mercado monetario. La contribución de los certificados de depósito a este fin ha sido muy importante.

Ya hemos dicho al comienzo de este epígrafe que los certificados de depósito han tenido una especial importancia para los bancos de Nueva York: no ha sido una casualidad que estos hayan sido los primeros en emitirlos. Además de tener los mismos problemas que las restantes entidades de crédito —disminución de los fondos depositados por las empresas, incremento de los depósitos menor que el de los créditos, competencia con otros intermediarios financieros—, estos han registrado una continua disminución porcentual de sus depósitos. En otras palabras, mientras que el importe absoluto de los fondos depositados ha aumentado, aunque de forma irregular, la fracción de los mismos mantenida por los bancos de Nueva York ha disminuido ininterrumpidamente: en 1940, 16.000 millones de dólares, representando el 31 % del total; en 1947, 22.700 millones de dólares y el 21 %; en 1960, 29.700 millones de dólares y el 17 % (véase el gráfico II).

GRÁFICO I
BANCOS COMERCIALES
RELACIÓN PORCENTUAL PRÉSTAMOS-DEPÓSITOS

(De 1946 a 1961)

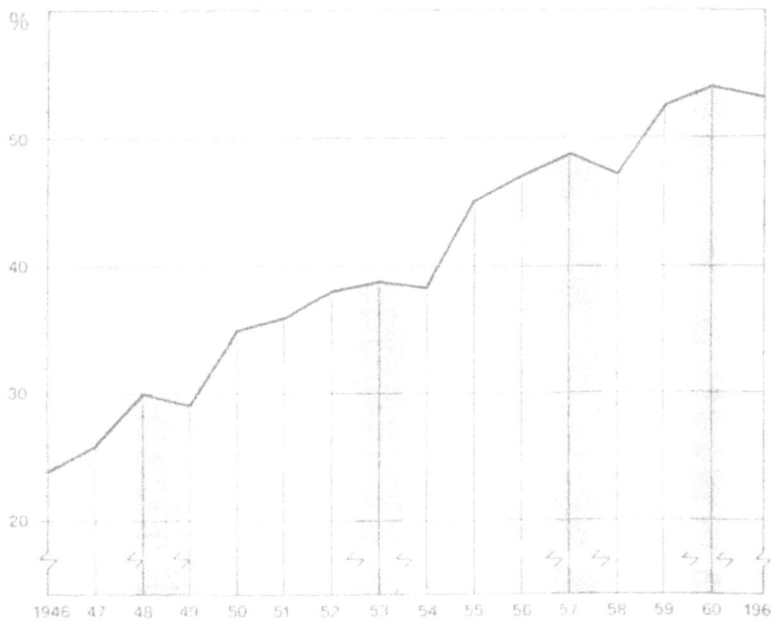

Las partes sombreadas representan las fases de depresión del ciclo americano (es decir, los períodos comprendidos entre el punto de inflexión superior y el inferior).

Fuente: Cálculo de las relaciones en base a las estadísticas del BOARD OF THE FEDERAL RESERVE SYSTEM.

Algunas observaciones pueden ayudarnos a explicar el fenómeno. En primer lugar, el desarrollo de la población en el período comprendido entre 1940 y 1960 ha sido más rápido en otras zonas del país. Se produjo una emigración desde las costas del Atlántico, densamente pobladas y saturadas en determinadas zonas (Nueva York, por ejemplo), hacia las regiones centro-occidentales, en donde grandes recursos inexplotados esperaban la acción del hombre. El censo de 1960 muestra las diferentes tasas de incremento de los distintos

Estados[37]. En segundo lugar, hasta la introducción de una nueva ley en 1960, los bancos de Nueva York no podían seguir a sus clientes fuera de los cinco distritos que integraban la ciudad[38]. Dicha desventaja no era pequeña, pues muchos ciudadanos residentes en los condados limítrofes deseaban poder tener cerca de su domicilio una oficina del banco con el que ya estaban en relaciones en la ciudad. En tercer lugar, algunas circunstancias han favorecido el crecimiento de entidades de crédito lejos de los tradicionales centros financieros. Entre estas se cuentan la posibilidad de fusiones y la reglamentación de los «branch banking» en diferentes Estados y la extendida descentralización de las industrias a consecuencia de facilidades fiscales.

GRÁFICO II

DEPÓSITOS DE LOS BANCOS DE NUEVA YORK Y PARTICIPACIÓN PORCENTUAL EN LOS DEPÓSITOS DE LOS BANCOS MIEMBROS DEL F.S.R.

(De 1940 a 1960.)

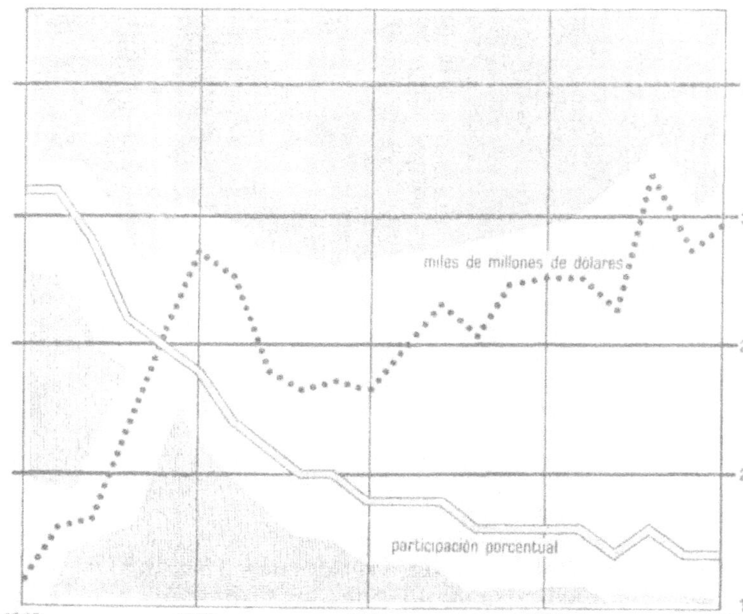

Fuente: BOARD OF GOVERNORS, «Mid-year Member Bank Call Reports».

37 Véase BUREAU OF THE CENSUS «U. S. Census of Population, 1960», páginas 1-18.

38 Estos son Manhattan, Broklyn, Queens, Bronx y Staten Island y formaban lo que ha sido llamado «el gran Nueva York».

El último factor que determinó la introducción de los certificados de depósito ha sido el deseo de los bancos de reducir la expansión de los otros intermediarios financieros en el aspecto de la recogida de fondos. Debemos decir que dicho factor ha tenido menos importancia de la que pueden indicar las cifras: efectivamente, las entidades de crédito temen más a la competencia con ellas mismas que con otros intermediarios financieros. Esto es consecuencia del hecho de que en un país como los Estados Unidos, en donde la casi totalidad de los pagos se realiza mediante cheques, las mayores disponibilidades de un intermediario financiero se reflejan en un aumento de su cuenta de depósitos a la vista o de su velocidad de circulación. Por tanto, si bien es verdad que un banco, que, por ejemplo, administra los medios líquidos de una «saving and loan association», obtiene, en definitiva, un beneficio de la mayor actividad de la misma, queda el hecho de que el sistema bancario en su conjunto ve reducidos, relativamente, sus depósitos a plazo. La renovada competencia con los intermediarios financieros debe verse, por tanto, como un intento de obtener una creciente proporción del nuevo ahorro.

Teniendo presente lo que ya se ha dicho en parte anteriormente[39], debemos añadir algunos datos para confirmar el desarrollo relativamente más acentuado de las «mutual savings banks», de las «saving and loan associations» y de las «credit unions» respecto de las entidades ordinarias de crédito. De 1945 a 1956 el volumen de los fondos recogidos ha sufrido un incremento, respectivamente, del 96 %, del 401 %, del 620 % respecto al 72 % de los bancos[40]. Pero desde 1957, a consecuencia de una elevación del «ceiling» de la regla Q, la situación es menos desfavorable para estos últimos, que han podido pagar intereses competitivos sobre los depósitos a plazo. La consideración de los tipos de interés será siempre de vital importancia en las relaciones entre los bancos y las otras instituciones financieras: el terreno ganado por los primeros en los años «sesenta», además de ser consecuencia de la emisión de un ágil instrumento como el certificado de depósito, se debe, en gran medida, a las repetidas elevaciones de los límites máximos de los intereses pasivos.

4. *LA INTRODUCCIÓN DE LOS CERTIFICADOS DE DEPÓSITO EN 1961*

Antes de examinar en qué medida los certificados de depósito han sido una respuesta válida a los problemas presentados en el epígrafe

39 Véase en el epígrafe 2 las páginas dedicadas a las cajas de ahorro, institutos de ahorro y crédito inmobiliario y a los bancos populares cooperativos.

40 Véase HETH, «The CD in American Banking», pág. 50.

anterior, es interesante estudiar las razones por las cuales los bancos han sido tan remisos a emitirlos.

Ante todo, antes de 1961 no existía el elemento fundamental del éxito de esta nueva forma de depósito, es decir, un activo mercado de los correspondientes títulos. En segundo lugar, la posibilidad de establecer tipos de interés más en consonancia con los restantes tipos únicamente había quedado abierta a partir de 1957, con el primer aumento (después de 21 años) de los tipos sujetos a la regla Q. No obstante, es cierto que los bancos no habrían cambiado su política, a pesar de la presencia de estos elementos favorables, si no se hubiesen visto empujados a ello por su situación desfavorable frente a las grandes empresas, las instituciones de crédito regionales y a las restantes entidades captadoras de ahorro.

El temor a cambiar de política —es decir, el volver a pagar, después de casi 30 años intereses sobre los depósitos a plazo de las grandes empresas[41]— está justificado por importantes motivos, entre los cuales destaca el convencimiento de que dicho cambio haría afluir a las cuentas a plazo, fondos de los que ya disponían en cuentas a la vista. Efectivamente, las empresas, al saber que su dinero depositado bajo la forma del nuevo certificado era recuperable en cualquier momento gracias a la existencia de mercado, no vacilarían en transferir parte de sus disponibilidades a una cuenta que producía intereses. Además, debemos destacar que si durante los años «cincuenta» los bancos hubiesen querido atraer dichos fondos con el arma de la remuneración —lo cual era técnicamente posible, pues los límites impuestos por la regla Q eran superiores al rendimiento corriente de los bonos del Tesoro en las mismas fechas—, esta habría sido poco atractiva debido a la ausencia de mercado.

Otro tipo de incertidumbre iba ligado a la marcha de los depósitos a plazo en el ciclo económico. Efectivamente, la disponibilidad de los mismos es normalmente mayor cuando la actividad económica se estanca, la demanda de créditos es más débil y el tipo de interés sobre nuevas inversiones bajo. Lo contrario sucede en los períodos de prosperidad, en los cuales los depositantes retiran parte de sus fondos para financiar la reactivación de sus negocios. Y precisamente en este período los bancos necesitan más medios para hacer frente al incremento en la demanda de créditos.

No menores eran los reparos concernientes a la regla Q. Los nuevos certificados, al igual que los restantes tipos de depósito a plazo,

---

41 Quizás sea oportuno destacar que la política de no aceptar depósitos a plazo de las grandes empresas era practicada por los mayores bancos y no necesariamente por los de dimensiones más reducidas. En concreto, esta era la política de las principales entidades de Nueva York y Chicago.

estarían sujetos a dicha regla. ¿Cuáles serían las consecuencias si en el futuro los tipos máximos no fuesen competitivos con los de otras fuentes de inversión a corto plazo? Efectivamente, era evidente que los certificados de depósito serían adquiridos por las sociedades únicamente si su remuneración es superior a la de los otros instrumentos similares del mercado monetario. Debemos añadir que, si esta condición no se cumpliese, los bancos asistirían a una caída de los certificados de depósito en un momento de tipos de interés al alza y, por tanto, de mayores necesidades de fondos.

Las preocupaciones planteadas por la regla Q estaban en relación directa con la elección de las posibles alternativas de inversión de las sumas obtenidas mediante los certificados. Indudablemente estas no podían utilizarse a corto plazo en inversiones que asegurasen un rendimiento inferior a su costo. Por tanto, debían utilizarse en operaciones activas más rentables, pero con vencimiento más largo. Su menor liquidez sería un problema en caso de una masiva retirada de certificados de depósito. Pero no debemos olvidar que cada inversión, una vez que se ha sumergido en el proceso productivo, pierde su propia individualidad y la correlación directa con la correspondiente financiación, para convertirse en una parte más de la indivisible unidad de la gestión[42]. En último lugar, el escaso éxito de los certificados emitidos en 1959 por un banco de Nueva York y reservados a determinados extranjeros era otro factor de incertidumbre, pero contribuyó a demostrar que el escaso interés de los inversores debía atribuirse a la ausencia de un mercado de dichos instrumentos.

Aun subsistiendo los citados factores de incertidumbre, a comienzos de 1961 se decidió ofrecer los certificados de depósito: la iniciativa, que partió del «First National City Bank» de Nueva York, fue pronto secundada por las otras importantes entidades de crédito, y, simultáneamente, los más importantes «dealers» se han comprometido a mantener para los nuevos títulos un «mercado secundario»[43]. Dicha circunstancia ha sido determinante, pues un banco no puede simultáneamente emitir los certificados y organizar un mercado, bien declarando está dispuesto a readquirir el certificado en cualquier momento o bien concediendo un préstamo garantizado por este. Efectivamente, en la primer hipótesis se violaría la regla Q, pues en la práctica el depósito sería un depósito a la vista y no se podría remunerar; en la segunda, la citada regla Q impone que los

42 Véase al respecto DELL'AMORE, «Depósitos», págs. 390-391.

43 El banco emisor del certificado de depósito representa para este el «mercado primario» («primary market»). La expresión «mercado secundario» («secondary market») se refiere a todas las transacciones posteriores a la emisión: en el texto, para designarle, hemos utilizado y utilizaremos con frecuencia la expresión «mercado».

préstamos garantizados sobre un certificado de depósito se concedan a un interés por lo menos un 2 % más elevado que el pasivo sobre el depósito[44].

Asegurada así la «marketability» al nuevo instrumento, se han introducido algunas fórmulas especiales para adaptarlo mejor a las exigencias a las que debía responder y evitar algunos de los riesgos antes mencionados. Además de conceder un rendimiento superior al de los restantes títulos a corto plazo, los bancos se han preocupado de adaptar los vencimientos de los certificados de depósito a las solicitudes de las empresas adquirentes y con frecuencia los han vendido «al portador» para facilitar las transferencias sucesivas. En un principio la emisión fue limitada a certificados de elevado importe —un millón de dólares— para disminuir la eventualidad de un simple trasvase de fondos de la cuenta a la vista al depósito a plazo.

Contrariamente a lo que se temía, los certificados de depósito han tenido desde comienzos de 1961 un notable éxito, siendo bien acogidos por las medianas y grandes empresas y por otros inversores y contribuyendo a resolver los problemas bancarios anteriormente examinados. A *posteriori,* algunos elementos han ayudado a disipar muchos recelos: desde los repetidos aumentos de los tipos de interés sobre los depósitos a la ausencia de una fuerte subida del tipo de interés de los bonos del Tesoro al comienzo de los años «sesenta», desde el convencimiento de que con o sin certificados, los depósitos a la vista habrían descendido, a la urgente necesidad de recibir nuevos fondos para satisfacer la elevada demanda de créditos.

Antes de examinar el desarrollo de los certificados de depósito a partir de 1961, ha llegado el momento de conocer mejor este instrumento, resaltando sus diferencias con los restantes tipos de certificados emitidos anteriormente y examinando sus características técnicas.

5. *LOS ANTECESORES DE TOS «NUEVOS» CERTIFICADOS DE DEPÓSITO*

Ya dijimos en la introducción que los certificados de depósito no eran nuevos en la historia bancaria de los Estados Unidos. Veamos sucintamente las características de los emitidos antes de 1961.

Su origen se remonta a la primera mitad del siglo pasado: inicialmente aparecieron bajo la forma de certificados a la vista, siendo luego modificados mediante la introducción de dos nuevos elementos: el interés y el concepto temporal. Con toda probabilidad, los primeros certificados a la vista fueron introducidos en 1839 por un

---

44 Véase LAW-CRUM, obra citada, pág. 118.

tal George Smith, escocés, el cual, al no obtener el permiso para ejercer la actividad bancaria y, por tanto, para emitir sus propios billetes de banco, fue autorizado por el Estado de Wisconsin para aceptar depósitos y conceder préstamos. En 1851, el «George Smith's money» en circulación ascendía a un millón y medio de dólares[45].

Los certificados de depósito a plazo se hicieron populares en la segunda mitad del siglo XIX y fueron producto de la combinación del pago de interés sobre los depósitos, procedimiento vigente a principios de siglo, con el certificado a la vista. Pero, a pesar de su prometedor comienzo, el total de los depósitos a plazo y de ahorro no representaba, en 1899, más del 15 % de todos los depósitos de los bancos comerciales (las estadísticas no indican qué parte de este porcentaje correspondía a certificados de depósito). Los datos del año 1929 demuestran que al final de dicho año los certificados a la vista ascendían a 202 millones de dólares y eran emitidos en un 67 % por las «country banks», mientras que los certificados a plazo ascendían a 1.700 millones. El período comprendido entre la Gran Depresión y el final de la segunda guerra mundial, caracterizado —como ya se ha dicho— por un exceso de fondos sobre la demanda de créditos, debía necesariamente inducir a los bancos a prestar escasa atención a la aceptación de nuevos depósitos a plazo. Los certificados se resintieron: en 1940, 671 millones de dólares; en 1945 solo 483, equivalente al 2,2 % del total de los depósitos a plazo.

Para los 12 años siguientes no se dispone de estadísticas específicas de los certificados. El dato de 1957 —certificados de depósito en circulación por un importe de casi 2.000 millones de dólares— demuestra la tendencia a la expansión durante este período. La cifra máxima se alcanzó en 1958, cuando los certificados de depósito llegaron casi a los 3.000 millones, constituyendo el 5,8 % de todos los depósitos a plazo. Se inició después una fase descendente, imputable en parte al aumento del rendimiento ofrecido por los otros instrumentos del mercado monetario en los últimos meses de 1959 y en los primeros de 1960.

Buscar las causas de este desarrollo significa investigar porqué estos certificados fueron aceptados por el público, respondiendo a algunas de sus exigencias[46]. Dejemos a un lado los certificados a la vista, que a partir de 1933 únicamente se ofrecieron para importes limitados, y detengámonos en los otros. Las estadísticas antes citadas

---

45 Véase KNOX, «A History of Banking in the United States», páginas 741-742.

46 Téngase en cuenta que los certificados de depósito, a pesar de tener desde 1945 a 1960 una tasa de incremento doble de la de los depósitos de ahorro y a plazo, seguían ocupando una posición poco relevante: efectivamente, desde el punto de vista cuantitativo, estos ascendían en 1960 a 2.700 millones, representando únicamente el 5 % de todos los depósitos

incluyen diferentes y heterogéneos tipos reducibles a las siguientes categorías: certificados de ahorro («thrift certificates» o «saving-type time certificates») y certificados ofrecidos a las empresas.

Los primeros, reservados a los particulares, han registrado un discreto éxito, habida cuenta de su mayor rendimiento respecto al de otras inversiones alternativas. Las «country banks», principales emisoras de estos certificados, han podido de este modo sostener la competencia de otros intermediarios financieros no bancarios y abonar un interés superior al de las cuentas ordinarias de ahorro, como reflejo del exacto conocimiento de la fecha del vencimiento[47]. Estos certificados, cuyo importe normalmente es de 100 o 500 dólares o múltiplos de estas cifras y cuyo vencimiento típico está incluido entre 3 y 5 años, no son negociables. La retirada de los fondos antes del vencimiento, con un preaviso, implica la pérdida de parte de los intereses acumulados. Las marcadas diferencias con los «nuevos» certificados negociables son evidentes y proceden de la diferente función económica de ambos: los primeros, aunque diferentes técnica y jurídicamente de las cartillas de ahorro, no difieren sustancialmente de estas. En otras palabras, son un medio para evidenciar un depósito realizado por un individuo con la intención de mantenerlo durante un período de tiempo relativamente largo y de recibir una remuneración satisfactoria. Los «nuevos» certificados, por el contrario, están en la práctica reservados a las grandes empresas y a entidades de grandes dimensiones, su importe es elevado y su vencimiento menos largo. Su función económica es la de ser al mismo tiempo depósitos e instrumentos del mercado monetario. Incluso mínimas variaciones de los tipos de interés corrientes influyen de forma decisiva en su importe y, en consecuencia, en su estabilidad, mientras que el rendimiento de los certificados de ahorro, si bien es importante en el momento de su adquisición, no produce luego efectos significativos sobre su volumen, ante todo, porque estos certificados no son negociables y su vida es más larga, y, en segundo lugar, porque el inversor particular es menos sensible y se muestra menos atento a las variaciones de los tipo de interés que las grandes empresas.

Los certificados ofrecidos a las empresas son de dos tipos diferentes. Un tipo es el integrado por aquellos que producen un interés, en forma negociable o no, cuyo vencimiento responde a lo solicitado por el comprador. Son análogos, en muchos aspectos, a los «nuevos» certificados de depósito, con la única diferencia que

---

a plazo. Esto debe tenerse en cuenta para no perder el sentido de las proporciones con el excepcional éxito de los «nuevos» certificados en los años «sesenta».

47 Recuérdese que los depósitos de ahorro ordinarios son, prácticamente, retirables a la vista. Véase epígrafe 2.

para los negociables nunca ha existido un adecuado mercado. Este elemento, asociado a la circunstancia de que han sido ofrecido solo ocasionalmente y en modestas cantidades, ha hecho que no atrajeran el interés de las empresas. Los pocos certificados existentes en 1961 han sido generalmente convertidos en «nuevos» cuando estos aparecieron. El segundo tipo de certificado adecuado a las necesidades de las empresas es el emitido en conexión con la técnica del «link financing», en relación a su vez con la obligación del cliente-prestatario de mantener una «compensating balance». Detengámonos en esta interesante práctica bancaria, intentando descubrir sus rasgos fundamentales. Es habitual para muchas entidades conceder un crédito únicamente con la condición de que el acreedor esté dispuesto a no utilizarlo íntegramente, es decir, a mantener una fracción del mismo —generalmente un 15-20 %— depositada en el banco. Así, por ejemplo, si un cliente obtiene un crédito de un millón de dólares y la obligación del «compensating balance» es del 20 %[48], este dispone, efectivamente, de solo 800.000 dólares. Desde el punto de vista del prestatario, esta solicitud puede ser vista como una contrapartida al compromiso del banco de conceder el crédito en el momento deseado y como un medio para compensarle por otros servicios. Más válidos son los motivos que inducen a las empresas financieras a imponer semejante práctica: además de intensificar las relaciones banco-cliente, se favorece la expansión del volumen de los depósitos, la capacidad de incrementar las operaciones activas y el tipo real de interés, pues todos estos elementos aumentan[49]. En cambio, el sistema bancario en conjunto no sufre ningún efecto, pues su actitud a la creación de nuevos depósitos no cambia, al no variar el nivel total de las reservas.

---

48 Como veremos más adelante en relación con la técnica del «Link financing», el importe del depósito requerido se define en términos de saldo medio durante un período (en general correspondiente al del préstamo), solucionando así las necesidades de caja («working balance») del cliente.

49 El siguiente ejemplo numérico, sacado de GUTTENTAG-DAVIS, «Compensating balances», pág. 206, ilustra las afirmaciones hechas en el texto. Supongamos que un banco recauda del público depósitos por un importe de 1.050 dólares y que debe mantener como reserva obligatoria el 20 % de los mismos, o sea, 210 dólares. Los 840 dólares restantes pueden utilizarse para la concesión de préstamos, los cuales por hipótesis, son utilizados inmediatamente. Pero si el banco exige un «compensating balances» del 20 % este puede, sobre la base de los mismos 840 dólares, conceder préstamos por valor de 1.000, pues tiene la seguridad de que únicamente se retirarán 800 (el banco tiene que mantener el resto de los 840 dólares, es decir 40, como reserva obligatoria de los 200 dólares depositados por el cliente como «compensating balance»).

Los préstamos por valor de 1.000 dólares representan un incremento de 160 respecto al caso en que no se hubiese hecho ninguna petición de este tipo, y el beneficio obtenible es, por tanto, mayor. Al mismo tiempo, sin embargo, el importe de los fondos disponibles se reduce de 840 a 800, como consecuencia del aumento de las reservas que el banco debe mantener con referencia al «compensating balance».

Desde el punto de vista del cliente, ¿qué coste representa para él el mantenimiento del «compensating balance»? A primera vista se podría contestar que el tipo de interés efectivo es mayor que el contractual, que se establece sobre todo el crédito y solo se puede disponer de una parte del mismo. Así, por ejemplo, un crédito de 1.000 a un interés del 8 % y con la citada obligación del 20 %, implicaría un costo real de un 10 %. Pero en la práctica el costo de la operación viene determinado por el «working balance» del cliente, es decir, por la necesidad de mantener, para las propias necesidades de caja, independientemente del crédito, un nivel más o menos alto de su cuenta de depósito a la vista. Efectivamente, es evidente que el peso financiero del «compensating balance» decrece hasta anularse, si el «working balance» tiende a ser un porcentaje creciente del importe del crédito recibido[50]. La ventaja que obtiene el banco al imponer dicha obligación, incluso en el caso de «working balances» iguales o superiores al importe requerido, estriba en la certeza de que el cliente no depositará en otra parte los fondos destinados a cubrir las necesidades monetarias diarias.

Para reducir el costo total del crédito y para poder disponer del volumen total del mismo, las empresas con reducidas necesidades de caja (las más típicas son las constructoras, las compañías petrolíferas, las pequeñas sociedades de financiación) recurren con cierta frecuencia a la técnica del «link financing»[51]. Mediante esta, una sociedad consigue satisfacer las citadas exigencias, solicitando a un intermediario especializado («money broker») que deposite —él mismo o por cuenta de terceros— el importe correspondiente a la obligación del «compensating balance», siempre y cuando el banco esté dispuesto a aceptar esta solución. El depositante recibe un certificado, negociable o no, sobre el cual generalmente la entidad de crédito no abona intereses, pues toma la forma de depósito a la vista.

¿Cuáles son las ventajas obtenidas por cada una de las partes, es decir, por el cliente prestatario, por el banco, por el «broker» y para el depositante final si este no es el intermediario? El primero puede utilizar todo el crédito y reducir (no eliminar, obviamente) el costo del mismo, pues la remuneración que debe pagar al depositante es inferior al interés sobre la correspondiente fracción del crédito,

50 Las más o menos acentuadas oscilaciones del «working balance» debidas a las diferencias entre las entradas y las salidas monetarias en el tiempo, no inciden en el costo de la operación, pues ya se ha visto en la nota 45, el «compensating balance» se calcula sobre el saldo medio de la cuenta.

51 Entre los diferentes ensayos sobre el tema, nos referiremos de manera especial a uno. Véase Cap. V: «Link certificates of deposit and compensating balances», págs. 29-37, de FIELDHOUSE, «Certificates of Deposit».

reflejando un menor riesgo: el pasivo del banco presenta, sin duda, mayor seguridad que el de la deuda de la sociedad[52].

El banco, además de recibir una remuneración superior a la pactada, obtiene el beneficio de poder reducir sus reservas obligatorias, pues el porcentaje requerido para los depósitos a plazo es menor que el requerido para depósitos a la vista[53]. No obstante, no todas las entidades de crédito se sienten inclinadas a la aplicación del «link financing», pues sostienen que esto disminuye las relaciones con el cliente y que es contrario a los principios de una gestión sana. En lo que se refiere a la forma del certificado, algunos bancos prefieren el no negociable, evitando así la posibilidad de no conocer al titular de su documento de deuda.

El «broker» cuando actúa exclusivamente en nombre de terceros recibe una comisión por su intervención. En caso de que adquiera el certificado en nombre propio, obtiene un beneficio adicional —normalmente expresado como un interés menor del que recibe— por la reventa. En cambio, si lo conserva en su cartera hasta el vencimiento, obtiene las mismas ventajas que el depositante final. En cualquier caso, las posibilidades de ganancias abiertas por esta técnica ha movido a algunos intermediarios financieros a promover este tipo de acuerdos, relacionándose con prestamistas de fondos y prestatarios.

El depositante final generalmente es un banco, una entidad de ahorro y crédito inmobiliario, un fondo de pensiones, una compañía de seguros, una empresa. Este ve en el «link certificate» una forma de inversión normalmente más atractiva que el depósito a plazo normal, pues el interés pagado por el que necesita dichos fondos suele ser mayor que el que pueden abonar los bancos en los límites de la regla Q. A esto hay que sumar una modesta remuneración ofrecida por el banco sobre el certificado.

El especial significado económico del «link certificate», deducido de lo anteriormente expuesto, basta para diferenciarlo claramente del «nuevo» certificado de depósito[54].

---

52 Para demostrar que el costo total de la operación se reduce, supongamos una sociedad que desee disponer de $ 1.000.000 durante un año. Si el «compensating balance» es del 20 %, esta debe solicitar un crédito de $ 1.250.000, con un costo de 75.000 $ (a un 6 % de interés). Sin embargo, si un «broker» proporciona los 200.000 $ necesarios, al 5 % (incluidos gastos y comisiones), la sociedad puede pedir un crédito de solo 1.000.000 $, reduciendo el costo total a 70.000 $, con un ahorro de 5.000 $ (1.000.000 $ al 6 % y 200.000 al 5 %).

53 Véase epígrafe 2 y nota 14.

54 Quizá nos sea útil añadir que tanto los «link certificantes» como los «thrift certificates» son emitidos por las entidades de crédito, aunque su importe total es insignificante respecto al total de los «nuevos» certificados de depósito.

6. *LAS CARACTERÍSTICAS TÉCNICAS DE LOS CERTIFICADOS DE DEPÓSITO*

Las definiciones dadas anteriormente[55] pueden ahora completarse y resumirse en la siguiente: «el "nuevo" certificado de depósito es un documento representativo de un depósito a plazo efectuado en un banco y es, además de "negotiable" (o sea, transferible), "marketable" (es decir, comercializable), convirtiéndose así en un instrumento del mercado monetario».

En este epígrafe examinaremos cuáles son las entidades emisoras, de dónde proceden los fondos, quiénes son los compradores, qué forma, importe, vencimiento y tipos de interés adoptan los certificados de depósito.

Las entidades de crédito que ofrecen certificados de depósito son muy numerosas: más de 2.200, según una encuesta de la Reserva Federal, en 1966. Pero la mayor parte del volumen de los mismos está muy concentrada y procede de los bancos más importantes, los cuales detentan más del 70 % del total (40 % solo en Nueva York). Una clasificación con notable influencia en el mercado es la que las divide en tres grupos: «prime», «lesser-prime» y «off-prime», según su fama e importancia. En la primera categoría se incluyen muy pocas entidades (de 12 a 25) de gran fama internacional o nacional que tienen un volumen de certificados superior a los mil millones de dólares y que emiten los certificados de mayor importe, de 100.000 dólares en adelante. Unos 35 bancos integran el segundo grupo, mientras que los restantes pertenecen al tercero. La clasificación es obviamente arbitraria y varía de comprador a comprador, reflejando, además de la fama de la entidad de crédito, su prudencia en la emisión de certificados de depósito. Sin embargo, es una clasificación poco academicista y muy útil, pues se refleja en el tipo de interés al que el certificado puede venderse y su grado de «marketability». Por ejemplo, en 1966, un año muy delicado para la economía americana, las contrataciones se redujeron únicamente a los certificados de los bancos «prime». Algunas entidades limitan la oferta de los certificados de depósito a las personas o empresas que ya son titulares de una cuenta a la vista, mientras que otras dejan la puerta abierta a cualquiera, convencidas de que esta puede ser la forma de iniciar nuevas relaciones. También es diferente la actitud de los bancos respecto a la transferencia del certificado por parte del depositante: mientras la mayoría de estos no impone restricciones formales, algunos aconsejan al comprador que se dirija al mercado únicamente cuando su necesidad de liquidez sea muy urgente.

---

55 Véanse epígrafe 1 y epígrafe 2.

No se puede decir con exactitud de dónde proceden los fondos depositados contra certificados de depósito. Sin duda, una parte considerable procede de las disponibilidades de caja de las empresas de producción, como desinversión de otros instrumentos del mercado monetario (en especial títulos públicos a corto plazo) menos rentables, de una fracción del dinero mantenido en cuentas corrientes y, finalmente, de la conversión de los certificados no negociables adquiridos con anterioridad a 1961.

Ya hemos afirmado en diferentes ocasiones que las empresas son los mayores compradores de los certificados de depósito, tanto en el mercado primario como en el secundario, detentando aproximadamente el 70 % del total de los mismos. Cualquier empresa puede efectuar este depósito a condición de que el banco lo apruebe. En la práctica, los certificados son «creados», además de por las empresas, por otros organismos: entidades públicas federales y locales, instituciones benéficas, compañías de seguros, «savings and loan associations», fondos de pensiones, cajas de ahorro, universidades, organismos oficiales extranjeros, bancos comerciales[56]. El certificado de depósito representa para la entidad emisora una posibilidad de ampliar la zona de sus operaciones; gracias a ellos bancos de medianas y grandes dimensiones pueden atraer fondos de zonas geográficamente alejadas de la habitual, dependiendo así en menor medida de la economía local. Este requisito es imprescindible cuando el certificado de depósito quiera competir con los otros instrumentos del mercado monetario (especialmente bonos del Tesoro) de carácter nacional. Volviendo a las empresas, las de mayores dimensiones mantienen relaciones con varias entidades de crédito y adquieren los certificados a las que ofrecen la más alta remuneración. Con frecuencia las personas encargadas de la gestión financiera reciben de los órganos de decisión de la empresa normas precisas en lo referente al importe a invertir en certificados, la elección de los bancos y la lista de los tipos adquiribles en el mercado.

Dos son las formas en las que puede ser extendido el certificado: nominativo y al portador (ver los facsímiles reproducidos). Esta última presenta más ventajas, pues aumenta el grado de «marketability», simplificando los trámites de las transacciones y garantiza el anonimato que muchas empresas desean. Es la forma más usual cuando el comprador piensa transferir el documento en el mercado. El certificado nominativo presenta una mayor seguridad, pero tiene el inconveniente para el poseedor del mismo de tener que comunicar a la

---

56 Con referencia a estas últimas, los bancos miembros del Sistema de la Reserva Federal están autorizados a emitir certificados de depósito sin limitaciones a favor de otros bancos miembros, mientras que los no miembros únicamente pueden emitir hasta un 10 % de su capital y reservas.

entidad emisora cada transferencia, efectuable mediante endoso. Esto implica para el banco el control de la autenticidad de las firmas en el momento del pago. Por estas razones se adopta la forma nominativa cuando el depositante desea mantener el certificado hasta su vencimiento. Un medio al que suelen recurrir las entidades de crédito locales para hacer más atractivos sus certificados es el de pedir a uno o varios bancos de Nueva York que los abonen al llegar el vencimiento. Efectivamente, algunos inversores no adquieren certificados de depósito si no son pagaderos en dicho centro financiero.

En lo referente al importe, existe una gran variedad, desde 10.000 dólares hasta 10 millones e incluso más, según las preferencias del mercado, de los bancos y de los depositantes. El importe típico que aparece en el mercado, es decir, el de interés más bajo (precio más alto) es el de un millón de dólares; los de importe menor, generalmente 100.000 dólares o sus múltiplos, se cotizan a un tipo superior en algunas centésimas de punto. Certificados de importe nominal inferior a los 100.000 no son aceptados normalmente por los «dealers». La variada política de los bancos a este respecto refleja diferentes puntos de vista o situaciones locales: así, por ejemplo, los grandes bancos de Nueva York no desean emitir certificados de pequeño importe, tanto para evitar que los adquirentes transfieran fondos de los depósitos a la vista a los a plazo[57] como para atraer las fuertes sumas, muy sensibles a la consideración del interés, las cuales, de otro modo, se dirigirían hacia los otros instrumentos del mercado monetario. Una menor rigidez caracteriza a las operaciones con clientes mejores, ofreciéndoles varios certificados de menor valor en vez de uno solo, con el fin de dar una mayor flexibilidad de acción. Los bancos pequeños tienen en las reducidas dimensiones de las empresas locales o regionales un límite natural a la gama de los importes, al emitir la mayor parte de los certificados con un importe reducido.

Su vencimiento puede expresarse de tres maneras diferentes, según definición del Consejo de Gobernadores: a una fecha fija, a cierto tiempo fecha, mediante preaviso. La primera es la más común, pues es la más simple y la que no da lugar a posibles confusiones[58]; las otras dos, en general, se evitan cuando el depositante no tiene intenciones de conservar el título hasta su vencimiento. El reembolso del certificado antes de su vencimiento puede obtenerse por tres procedimientos diferentes: la venta en el mercado, que es lo corriente; el pago por parte del banco, en caso de situación crítica del depositante, que debe

---

57 Véase epígrafe 4.

58 Si, por una inadvertencia, el vencimiento coincide con un día bancario no laborable, el propietario del certificado pierde de uno a tres días de intereses. Mientras que esta circunstancia no influye en la negociabilidad del título, puede repercutir en su «marketability».

documentarse ampliamente a plena satisfacción del banco y de las disposiciones de la regla Q; el crédito garantizado por el certificado de depósito, para el cual el propietario debe dirigirse a una entidad que no sea la emisora[59].

Este instrumento tiene la ventaja de que le permite al comprador elegir el período que mejor responde a sus necesidades; por ejemplo, las sociedades pueden disponer de un documento que venza algunos días antes del pago trimestral de los impuestos y de los dividendos. Diferentes elementos influyen en la determinación del vencimiento: las preferencias del depositante y del emisor, los cambios en las condiciones presentes y futuras del mercado monetario y la reglamentación sobre tipos máximos. Con referencia a este último punto, la regla Q ha limitado la emisión de certificado con vencimiento muy breve antes de 1963 y de 1964[60]. El vencimiento medio ha tendido a acortarse en el transcurso de los años, pasando de 8 meses a finales de 1961 a menos de 4 en 1966 y a casi 2 en algunos períodos de 1968. Si disgregamos este dato global, veremos que el importe del título y la dimensión del banco emisor inciden fuertemente en la longitud del período: los certificados de elevado importe, ofrecidos por las mayores entidades, tienen un vencimiento más breve que los emitidos por entidades de crédito locales, reflejando en este segundo caso una menor sensibilidad del comprador a los cambios del tipo de interés.

He aquí que hemos llegado al elemento que sintetiza todas las otras condiciones y que tiene especial importancia en el caso de los certificados de depósito. El tipo de interés se calcula generalmente en base al año comercial (360 días), se expresa en tanto por ciento y aparece explicitado en el anverso del título. Como epílogo de esta reseña de las características técnicas, examinemos las circunstancias internas de empresa y externas de mercado que determinan el tipo de interés en el momento de la emisión[61]:

1) El nombre y la dimensión de la entidad emisora: los bancos «lesser-prime», en general, tienen que abonar una remuneración algo más elevada que la ofrecida por los «prime» (de las 5 a las 15 centésimas de punto); las restantes ofrecen certificados a un interés superior en ⅛-½ %. Pero la proporcionalidad inversa entre el tipo de interés y la dimensión de la empresa no es tan absoluta:

---

59 Recuérdese las limitaciones a que está sometido el banco emisor. Véase epígrafe 4.

60 Efectivamente, los tipos máximos no eran competitivos con los de otros instrumentos comparables. Véanse en la tabla I los límites fijados el día 1 de enero de 1962, el 17 de julio de 1963 y el 24 de noviembre de 1964.

61 La mayoría de las condiciones citadas influye también en el grado de «marketability» del certificado, expresado como la diferencia entre la cotización de mercado del título y su valor nominal. Véase epígrafe 10.

efectivamente, algunas entidades locales, muy conocidas en la limitada zona en que operan, consiguen a veces captar fondos en la región a un costo igual o más bajo que el soportado por las entidades mayores.

2) La reputación y la calidad del comprador, así como sus relaciones pasadas, presentes y previstas con el banco.
3) El importe del certificado: algunas centésimas de punto menos para los inferiores al millón de dólares[62].
4) El vencimiento: remuneración mayor a medida que este se alarga.
5) La necesidad de fondos del banco, que depende a su vez de factores particulares (problemas de gestión de la entidad y su aptitud al desarrollo) y generales (fase coyuntural y consiguiente política monetaria central restrictiva o expansiva).
6) La estructura de los tipos de interés presente y prevista.
7) La remuneración ofrecida por los instrumentos del mercado monetario en competencia, entre los cuales tienen gran importancia los bonos del Tesoro: el certificado de depósito emitido por los bancos «prime», para ser tentador, debe conceder un interés superior en ¼ % al del título con análogo vencimiento. También debe considerarse el rendimiento de otros instrumentos, especialmente los que —como los pagarés de las sociedades de financiación de las ventas— pueden ser emitidos para un período de tiempo correspondiente a los deseos del comprador.
8) Finalmente, los de mayor importancia, los límites fijados por la regla Q. Los examinaremos próximamente[63].

7. *EL DESARROLLO DE LOS CERTIFICADOS DE DEPÓSITO*

Los certificados de depósito entraron en 1969 en su noveno año de vida. Las páginas siguientes ponen de relieve su manifiesto crecimiento

---

62 Pero este factor, junto con la forma, reviste mayor importancia en el momento de la apreciación del certificado en el mercado. Debe observarse al respecto que el importe menor que el típico, mientras que implica en el momento de la emisión una «reducción» del tipo de interés, implica en la valoración del «dealer» un «aumento» del mismo (menor precio), pues reducen el grado de «marketability» del título. Véase epígrafe 10.

63 Véase epígrafe 8. Aquí recordamos que a partir del 15 de octubre de 1962 los depósitos a plazo hechos por gobiernos extranjeros, por autoridades oficiales extranjeras monetarias o financieras o por entidades financieras internacionales de las cuales son miembros los Estados Unidos, no están sometidos a las disposiciones sobre tipos máximos. La medida, inicialmente válida para tres años y prorrogada luego, tiene como fin estimular la vuelta al país del mayor número posible de dólares para reducir el déficit de la partida «movimientos de capitales» de la balanza de pagos americana. Véase también nota 1 de la Tabla I.

y la contribución de los mismos al desarrollo de los depósitos a plazo y de ahorro, y, en segundo lugar, intentan valorar en qué medida estos han contribuido a resolver los problemas expuestos en el epígrafe 3.

La tabla 2 y el gráfico III nos dan, respectivamente, los datos sobre el volumen de los certificados de depósito en circulación y su evolución a partir de 1960. Dichos datos están obtenidos de los informes que las mayores entidades envían semanalmente a los bancos de la Reserva Federal y están referidos a certificados cuyo importe nominal es igual o superior a los 100.000 dólares[64]. Su incremento, aunque con porcentajes de incremento anuales muy variables, ha sido notable, pasando de los 796 millones de dólares de «viejos» certificados en 1960 a los casi 23.000 millones de finales de 1968. Por su parte, los bancos de Nueva York han detentado siempre una parte considerable, aproximadamente un 30-40 %, del total emitido (véase columna 4). La sensibilidad de los certificados de depósito al ciclo económico queda demostrada en los datos de 1966, año de contracción monetaria en los Estados Unidos. En el próximo epígrafe examinaremos con más detalle este movimiento en relación con las recientes (finales de 1968, primeros meses de 1969) medidas restrictivas adoptadas por las autoridades para frenar la inflación.

---

64 La muestra de las «weekly reporting banks» fue modificada a partir del informe del 6 de julio de 1966, con el fin de concentrar en el menor número de bancos la fracción del total que representase el más alto volumen de actividad posible. Efectivamente, mientras que antes únicamente se incluían en el grupo las entidades miembros del Sistema de la Reserva Federal, ahora se incluyen también los no miembros. El nuevo elemento que determina la inclusión en la muestra es la posesión de depósitos por un importe superior a los 100 millones de dólares. La nueva serie está formada por 341 bancos, frente a los 344 de antes: se han eliminado 91 y se han añadido 88 entidades. Esta revisión ha incrementado el volumen de los activos en 12.400 millones (aproximadamente el 6 %). De este modo los «weekly reporting banks» representan ahora más del 60 % del total. Su importancia respecto a los certificados de depósito es aún mayor: los 9/10 de los mismos, de importe superior a los 100.000 $, son emitidos por este grupo de bancos. Para más detalles metodológicos, véase Federal Reserve Bulletin, agosto de 1966, págs. 1137-1140.

TABLA 2

CERTIFICADOS DE DEPÓSITO DE LOS «WEEKLY REPORTING BANKS» DESDE 1960 A 1968

(datos de final de trimestre; importe unitario de 100.000 $ o más)

FECHA[65]	Total emitido (1)	Variación porcentual anual (2)	New York City Banks (3)	Porcentual emitida por las NYC Banks (4)	Bancos de fuera de New York C (5)
1960 4° trim	796	–			
1961 4° trim	2.782	250	–		
1962 4° trim	5.442	96	–		
1963 4° trim	9.593	76	3.423	36	6.170
1964 1° trim	10.639		3.707		6.932
2° trim	11.670		4.006		7.664
3° trim	12.095		4.273		7.822
4° trim	12.291	28	4.556	37	7.735
1965 1° trim	13.962		5.355		8.607
2° trim	15.070		6.438		8.632
3° trim	15.914		6.680		9.234
4° trim	16.097	31	6.865	43	9.232
1966 1° trim	17.193		7.198		9.995
2° trim	18.312		7.440		10.872
3° trim	17.005		6.549		10.456
4° trim	15.668	– 3	5.363	34	10.305
1967 1° trim	19.299		6.654		12.645
2° trim	19.153		6.719		12.434
3° trim	19.897		6.864		13.033
4° trim	20.330	30	7.121	35	13.209
1968 1° trim	20.554		6.452		14.102
2° trim	19.538		5.941		13.597
3° trim	22.589		6.626		15,963
4° trim	22.820	12	6.453	29	16.367

Fuente: BOARD OF GOVERNORS OF THE FEDERAL RESERVE SYSTEM

65 Los datos de 1960, 1961 y 1962 no son totalmente comparables con los posteriores. Los «weekly reporting banks» han comenzado a proporcionar estadísticas sobre los certificados de depósito únicamente a partir del 31 de diciembre de 1963. Los datos anteriores están obtenidos de una especie de encuesta realizada por el «Board of Governors» sobre 410 bancos, de los cuales 351 eran «weekly reporting», e incluyen certificados de depósito de todo tipo de importes unitarios. El dato de 1960, que se refiere a los «viejos» certificados, difiere del de la nota 43, que se refiere a «todos» los bancos comerciales.

GRÁFICO III[66]

CERTIFICADOS DE DEPÓSITO EN CIRCULACIÓN Y SU RELACIÓN CON LOS DEPÓSITOS A PLAZO Y DE AHORRO

(Weekly reporting Banks).

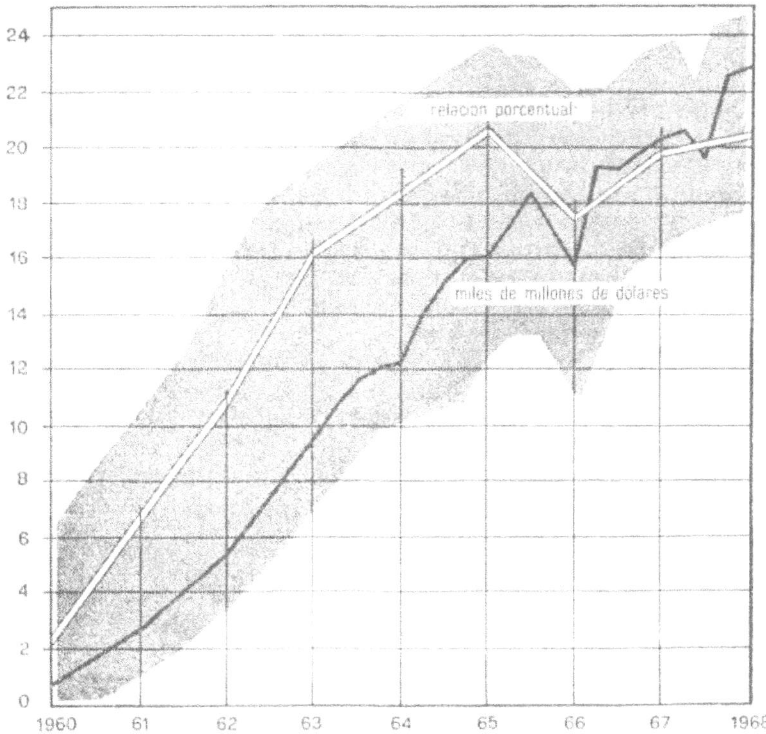

Fuente: Volumen de Certificados de depósito en circulación: tabla 2, columna 1.

Estudiemos ahora el éxito alcanzado por el nuevo instrumento monetario en el marco de la evolución temporal de los depósitos. La conclusión será que los certificados de depósito han contribuido a acentuar un proceso iniciado en los primeros años de la segunda posguerra, es decir, la progresiva expansión de los depósitos a plazo y de ahorro tanto en términos absolutos como relativos. La tabla 3 y el gráfico IV nos ayudarán en el curso de este análisis.

66 Relación certificados de depósito/depósitos a plazo de ahorro: tabla 3, columna 9.

Los citados depósitos han crecido enormemente en el período comprendido entre el comienzo del siglo y la Gran Depresión: su porcentaje del total ha pasado de 20 en 1900 a 44 en 1930. Los principales motivos de este incremento, más elevado del registrado por los depósitos a la vista, son el reconocimiento, en el Federal Reserve Act de 1913, de la distinción entre ambos tipos de depósitos, con la consiguiente imposición de un coeficiente de reserva menor para los primeros, y el sostenido ritmo de la actividad económica de aquel período, que estimuló una fuerte demanda de créditos, obligando a los bancos a recoger los fondos necesarios para satisfacerla también entre aquellos que deseaban invertir sus propios ahorros durante algún tiempo. La contracción general de los negocios consecuencia de la crisis de 1929-1933 produjo los efectos ya examinados anteriormente: la amplia oferta de capitales disponibles, muy superior a la demanda, contribuyó a mantener los tipos de interés bajos, no estimulando a las entidades de crédito a dar intereses atractivos sobre un dinero que luego no sabían cómo emplear. Esto explica la aparente paradoja de que los depósitos a la vista, a pesar de la prohibición de pagar intereses sobre los mismos a partir de 1933, crecieron a un mayor ritmo hasta 1945. A finales de la segunda guerra, los depósitos a plazo representaban una fracción del total algo mayor que la de comienzos de siglo.

TABLA 3

DEPÓSITOS DE LOS BANCOS AMERICANOS EN ALGUNOS AÑOS COMPRENDIDOS ENTRE 1900 Y 1968 (DATOS DE FIN DE AÑO EN MILLONES DE DÓLARES)

a) *Todos los bancos comerciales*

AÑO	Depósitos a la vista[67] (1)	Depósitos a plazo y de ahorro (2)	Depósitos totales (3)	Relación % Depósitos a plazo y de ahorro Depósitos totales (4)
1900	4.345	1.087	5.432	20
1910	8.566	3.720	12.286	30
1920	21.571	11.121	32.692	34
1930	25.648	20.192	45.840	44
1940	33.646	15.608	49.254	32
1945	105.921	30.241	136.162	22
1950	104.723	36.965	141.688	26
1955	123.187	50.300	173.487	29
1960	133.379	73.440	206.819	36
1961	141.920	82.910	224.830	37
1962	141.041	98.244	239.285	41
1963	141.041	111.590	253.124	44
1964	155.184	127.539	282.723	45
1965	160.780	147.705	308.485	48
1966	167.751	159.773	327.524	49
1967	184.066	183.825	367.891	50
1968	199.901	204.365	404.266	50

67 Todos los depósitos a la vista, menos los interbancarios y los del Gobierno federal.

b) *Weekly Reporting Banks*

AÑO	Depósitos a la vista (5)[69]	Depósitos a plazo y de ahorro (6)	Depósitos totales (7)	Relaciones porcentuales	
				Dep. a plazo y de ahorro / Dep. totales (8)	CD[68] / Dep. a plazo y de ahorro (9)
1900					
1910	–	–	–		–
1920	–	–	–		–
1930	–	–	–		–
1940	–	–	–		–
1945	42.056	9.403	51.459	18	
1950	58.821	15.674	74.795	21	
1955	68.469	21.861	90.330	24	–
1960	74.610	34.713	109.323	32	2,3
1961	81.972	41.472	123.444	34	6,7
1962	79.557	50.011	129.568	39	10,9
1963	86.459	59.227	145.686	41	16,2
1964	85.476	66.881	152.357	44	18,4
1965	87.177	78.260	165.437	47	20,6
1966	97.045	89.639	186.684	48	17,5
1967	105.752	102.809	208.561	49	19,8
1968	121.794	112.103	233.897	48	20,4

Fuente: Para los datos de 1900 a 1940 «All-Bank Statistics, United States, 1896-1955», BOARD OF GOVERNORS, 1959. Para los datos de 1945 a 1968, FEDERAL RESERVE BULLETIN, varios años.

La posguerra se caracteriza por un cambio radical de las condiciones. Bastan algunos datos para demostrarlo: mientras que desde 1945 a 1968 los depósitos a la vista ni siquiera se han duplicado ($ 105.921 millones y $ 199.901 millones, respectivamente), los depósitos a plazo casi se han multiplicado por siete ($ 30.241 millones y $ 204.365 millones); además, en términos absolutos, ambos totales son prácticamente idénticos en los años más recientes.

68 Los datos sobre los certificados de depósito son los de la columna 1 de la tabla 2.

69 Todos los depósitos a la vista, menos los interbancarios y los del Gobierno federal.

GRÁFICO IV

BANCOS COMERCIALES
RELACIÓN PORCENTUAL ENTRE DEPÓSITOS A PLAZO Y DE AHORRO Y TOTAL DE LOS DEPÓSITOS

(De 1900 a 1968. Datos de final de año).

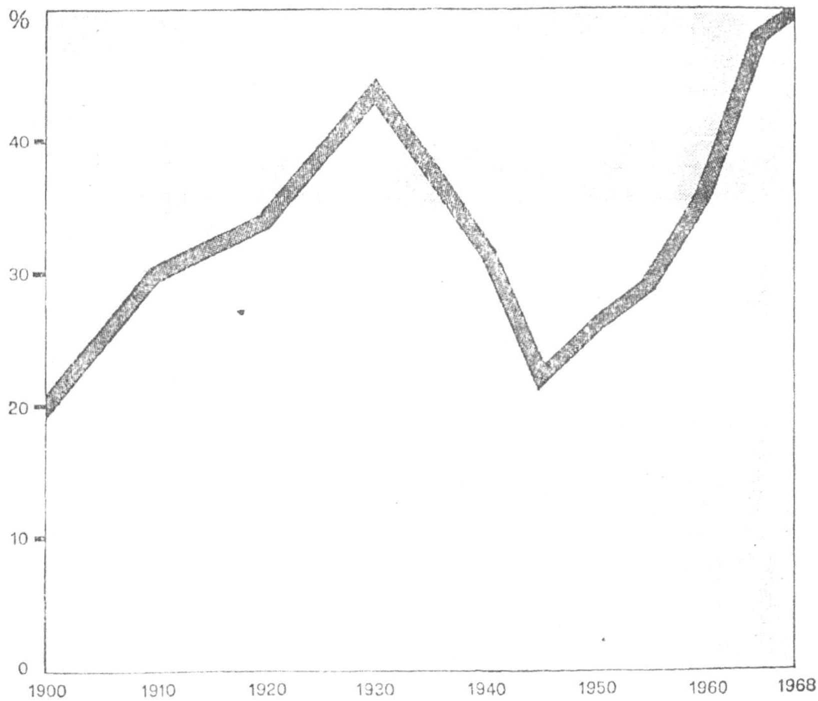

Fuente: Tabla 3, columna 4.

¿Qué factores explican este fenómeno y cuál ha sido la contribución de los certificados de depósito al respecto? La respuesta debe buscarse en un conjunto de circunstancias interrelacionadas y, por ende, de difícil individualización. Morrison y Selden[70] proponen la siguiente

70 Véase MORRISON-SELDEN, «Time Deposit Growth and the Employment of Bank Funds», págs. 5-11.

relación tripartita: incremento en la oferta de fondos por parte del público, mayor demanda de los mismos por parte de los bancos, aumentos de la Regla Q. Este último elemento será estudiado con detalle en el próximo epígrafe. En cuanto a los otros dos, debemos decir que el primero ha tenido menos importancia que el segundo. Efectivamente, el nuevo ahorro no creció, en el período considerado, a una tasa muy elevada, y, por tanto, no puede ser causa más que en una mínima parte del desarrollo que estamos analizando. La mayor afluencia de dinero al sistema bancario a partir de 1957 es más bien el efecto de la escasa diferencia existente entre los intereses pagados por los otros intermediarios financieros y los sometidos a la regla Q.

Mayor importancia tuvo el aumento en la demanda de fondos por parte de los bancos, como consecuencia de cambios sustanciales. Dichas necesidades crecientes se han manifestado de diferentes maneras: en primer lugar, durante los años en que los tipos máximos de interés no fueron retocados, algunas medidas tuvieron por finalidad incrementar la liquidez y rentabilidad de las cuentas a plazo; luego, cuando estas medidas se revelaron en parte ineficaces y cuando surgieron nuevas circunstancias favorables, se dio un paso decisivo hacia una política de captación más agresiva abandonando la tradicional política de no pagar intereses sobre las cuentas a plazo de las empresas e introduciendo, simultáneamente, un tipo de depósito negociable. Los motivos que llevaron a dicho incremento en la demanda de fondos son muy numerosos y de diferente importancia. Así se pueden citar las economías de escala derivadas de la adopción de computadoras y la disminución de las reservas obligatorias de liquidez en los depósitos a plazo y de ahorro en los años 1962, 1966 y 1967. Pero mayor importancia ha tenido el hecho de que estos depósitos se han podido invertir en actividades más rentables que antes. El mayor nivel de los tipos de interés ha actuado en dos direcciones, tanto induciendo a las entidades de crédito a recoger dinero procedente de una extensa gama de fondos, como estimulando al público a invertir en las formas más rentables. Como consecuencia, se produjo un movimiento de fondos desde otros instrumentos del mercado monetario, desde algunos intermediarios financieros y desde las cuentas a la vista hacia los depósitos a plazo: flujos en los que los certificados de depósito han tenido una marcada influencia.

Una vez vista la incidencia en términos cualitativos de los certificados de depósito en la explicación del desarrollo de los depósitos a plazo, veamos su importancia cuantitativa, auxiliándonos con las siguientes comparaciones que se obtienen de la tabla 3:

a) La columna 9 indica los porcentajes de depósitos de ahorro y a plazo que han sido representados por los certificados de depósito para los bancos más importantes en los diferentes años. El despreciable porcentaje de 1960 (que se refiere a los «viejos» certificados) ha crecido paulatinamente, pasando del 6,7 en 1961 al 10,9 en 1962 y al 20,6 en 1965. Se necesitaron luego otros tres años para volver a dicho nivel, tras la crisis de 1966. Los problemas que implica para los bancos el tener una quinta parte de sus depósitos en forma de certificados de depósito se examinarán posteriormente[71]. Los diferentes valores de esta relación se representan con la línea en blanco del gráfico III:

b) siempre con referencia a los «weekly reporting banks», su relación depósitos a plazo/depósitos totales (columna 8) creció en diez años (1950-1960) 11 unidades y 16 unidades en los ocho años siguientes, con un claro peso de los certificados de depósito en este fuerte incremento;

c) por último, comparemos (columna 6) la variación experimentada por los depósitos a plazo y de ahorro desde 1961 a 1968 para las «weekly reporting banks» (recuérdese que estos son los principales oferentes de certificados) y para todos los restantes (columna 2 menos columna 6): el aumento de los primeros ha sido el 170 % y solo del 122 % para los segundos (la diferencia entre ambos porcentajes de aumento fue en el decenio anterior del 40 %).

Una vez examinado el éxito de los certificados de depósito en el ámbito general de los cambios en la política de captación de fondos bancaria, veamos ahora brevemente en qué medida estos han contribuido a solucionar los problemas enumerados en el epígrafe 3. Dicho examen no se hace aquí por casualidad, pues nos sirve para subrayar que la introducción de los certificados de depósito, si bien fue la medida más eficaz adoptada por las entidades de crédito, no fue la única y debe colocarse en un contexto más amplio. ¿Qué comparaciones se pueden hacer y qué conclusiones se pueden obtener entre el comienzo y el final de los años «sesenta»?

1) En cuanto al deseo de los bancos de competir de nuevo para atraerse los fondos líquidos de las empresas, las estadísticas indican que el éxito fue notable y que gran parte del mismo debe atribuirse a los certificados de depósito. El nuevo instrumento, gracias a sus características de agilidad y elevado rendimiento, ha sido muy grato a las grandes empresas, las cuales han respondido a la invitación positivamente. La cuota de los certificados adquiridos por estas ha oscilado siempre alrededor del 70 % del total y existen posibilidades de posteriores expansiones. Si observamos algunas partidas de sus activos financieros veremos que a finales de los años 1945, 1960 y 1965 la fracción de depósitos a la vista sobre el

71 Véase epígrafe 9.

total ha descendido del 40 % al 30 % y a algo más del 20 % y que, por el contrario, los depósitos a plazo han pasado de porcentajes ridículos en los dos primeros años considerados (menos del 2 y del 3 %, respectivamente) a un nivel del 15 % en 1965[72].

2) No tan favorable es la situación referente a la capacidad de hacer frente a la demanda de crédito. A pesar de los fondos obtenidos mediante los certificados, el valor de la relación prestamos/depósitos ha crecido continuamente: 54 % en 1960, 63 % en 1965, 66 % en 1968. Ello indica obviamente que la concesión de nuevos préstamos ha crecido a un ritmo más sostenido que el de la captación de los medios necesarios para sostenerla, pero al tiempo sirve para evidenciar que con un porcentaje mayor de depósitos a plazo (y, por tanto, con una obligación de reservas de liquidez menor) los bancos están dispuestos a operar con una relación prestamos/depósitos más elevada.

3) La posición de las entidades de crédito de New York City, con referencia al porcentaje de depósitos que estas administran en relación con el total de todos los bancos miembros ha sufrido los siguientes cambios: 31 % en 1940, 21 % en 1947, 17 % en 1960[73] y 18 % en 1968. Por tanto, los años «sesenta» han significado la inversión de un proceso que duraba ininterrumpidamente, desde el comienzo de la segunda guerra mundial. Si bien la recuperación no ha sido espectacular, pone de relieve que los certificados de depósito, dadas sus especiales características, han reforzado, en general, la posición de las grandes entidades en detrimento de las pequeñas («Country banks»). Estos representan aproximadamente la cuarta parte de los depósitos totales captados por los bancos de Nueva York desde 1960 a 1968 y habrían tenido aún mayor importancia si otras muchas entidades no hubiesen lanzado también certificados reduciendo así el efecto inicial.

4) En los años «sesenta» la distribución, entre los diferentes intermediarios financieros, de los nuevos fondos captados ha sido decididamente favorable a las entidades ordinarias de crédito. Como ya se dijo al final del epígrafe 3, el mérito de este incremento debe atribuirse a la reducción de la diferencia entre los intereses pagados por los bancos y las otras organizaciones, así como a la emisión de los certificados. Limitando la comparación únicamente a las «savings and loan associations» (SLA) y a las cajas de ahorro (MSB)[74], los datos indican que así

72 Véase BOARD OF GOVERNORS, «Flow of Funds, Assets and Liabilities, 1945-1965».

73 Véase epígrafe 3 y Gráfico II.

74 El desarrollo alcanzado por las «credit unions», aunque muy rápido, coloca todavía a estas instituciones en una posición débil cuantitativamente.

como la diferencia entre la remuneración pagada por estas y la pagada por los bancos era, en 1960, del 1-1,5 %, en los años más recientes dicha diferencia nunca ha sido superior al ½ %. Otras observaciones interesantes pueden hacerse observando la posición relativa de los intermediarios y el crecimiento de los fondos captados. En lo que se refiere a la primera, haciendo 100 el total de los depósitos a plazo (acciones en las SLA) detentados por los tres tipos de entidades, las posiciones relativas han variado así en 1957, 1960 y 1968: bancos comerciales 44, 43, 51 %; SLA 32, 36, 31 %; MSB 24, 21, 18 %. La creciente proporción de fondos administrados por los bancos queda confirmada por el diferente porcentaje de incremento total de los fondos captados de 1960 a 1968: + 176 % para los bancos; + 109 % para las SLA; + 74 % para las MSB. Dichos datos, comparados con los expuestos en el epígrafe 3, con referencia al período 1945-1956, dan una clara visión de las variaciones que se han producido en favor de las entidades ordinarias de crédito con la emisión de los certificados de depósito[75].

8. *POLÍTICA MONETARIA, REGLA Q Y CERTIFICADOS DE DEPÓSITO*

La elevada sensibilidad de los certificados de depósito a las variaciones de los tipos de interés se debe a su doble característica de ser, a un tiempo, un tipo de depósito especialmente apto para las empresas y otras entidades de grandes dimensiones y un instrumento del mercado monetario en competencia, por tanto, con otras formas de inversión a corto plazo. Es evidente que la consideración del rendimiento que pueden ofrecer es de vital importancia para los bancos y que la reglamentación sobre tipos de interés máximo es para estos una limitación a la competitividad variable en el tiempo. Las líneas generales de la regla Q ya se han expuesto anteriormente[76], sintetizando los motivos que llevaron a su introducción en 1933 y los que la hicieron inoperante hasta los años «cincuenta». En el presente epígrafe nos referiremos con frecuencia a la tabla I.

Las variaciones de los «ceilings» decididas en diferentes ocasiones por los gobernadores del Sistema de la Reserva Federal son, obviamente, el reflejo de los cambios producidos en el sistema económico en general y en el bancario en particular. También son exponente de las variaciones de la política monetaria seguida. La sucesión de las fases coyunturales obliga a las autoridades centrales

75 Los datos para estas comparaciones han sido obtenidos de FEDERAL RESERVE BULETIN, varios años.

76 Véase epígrafe 2.

a adoptar las medidas que se consideren en cada caso oportunas para incrementar o reducir la capacidad productiva del sistema, mediante una adecuada oferta monetaria. Los principales medios utilizados para alcanzar los objetivos fijados son —como ya es sabido— las operaciones de mercado abierto, las variaciones del tipo oficial de descuento y las modificaciones de las reservas obligatorias de liquidez. A estos, en los años «sesenta» se puede añadir un nuevo instrumento. Los cambios de la regla Q, al actuar de modo especial sobre aquella parte de los depósitos integrada por los certificados, permiten a la Reserva Federal favorecer o no, según los casos, la afluencia de fondo al sistema bancario. La autoridad monetaria central ha utilizado varias veces, durante los últimos años, esta posibilidad, siempre, obviamente, asociando esta técnica con otras medidas. Por tanto, los retoques a la regla Q deben verse en el contexto de las directrices de política monetaria, condicionadas por las fases del ciclo económico de los Estados Unidos. Sólo así podemos comprender cómo tanto el volumen como la misma existencia de los certificados de depósito en circulación dependen en gran medida de que los poderes públicos reconozcan que dichos certificados son o no una fuente adicional de medios para el sistema bancario.

Esta afirmación empezó a ser cierta desde el mismo momento de su introducción en 1961: los cuatro factores vistos anteriormente fueron, probablemente, solo una condición necesaria, pero no suficiente para el lanzamiento de los certificados de depósito al mercado. Otras circunstancias han favorecido este hecho: estas están directamente relacionadas con las medidas de política monetaria que vamos a examinar ahora.

Durante el segundo ciclo posbélico de la economía americana (1950-1954), la Reserva Federal inició una nueva técnica para realizar las operaciones de mercado abierto, conocida como «bills only»: a partir de 1953 comenzó a comprar y vender únicamente títulos públicos a corto plazo, especialmente bonos del Tesoro («Tresaury bills», de donde procede el nombre), con el fin de variar las reservas de los bancos comerciales y no incidir de modo directo en la estructura de los tipos de interés. Dos convicciones sostenían esta orientación: por un lado, los agentes bursátiles se aseguraban de que las libres fuerzas del mercado determinarían las cotizaciones de los títulos de renta fija, sin intervención directa del banco central; por otro lado, se hacía la hipótesis de que los cambios de los tipos de interés a corto plazo, consecuencia de las «open market operations», se transmitirían al final al sector a largo plazo. Dicha orientación prevaleció durante ocho años, hasta que al principio de 1961 nuevas condiciones impusieron su revisión.

El tercer ciclo (1954-1958) se caracterizó por la más aguda, aunque la más corta, recesión de la posguerra, que duró desde el tercer trimestre de 1957 al segundo de 1958. Durante todo el período (excepto 1957) la balanza de pagos americana estuvo en déficit, pero ello no fue motivo de preocupación para las autoridades. Es más, se pensaba que, al estar las reservas mundiales altamente concentradas en los Estados Unidos, estos desequilibrios eran deseables y que ayudarían a los países europeos a rehacer sus reservas en forma de dólares y solo en una mínima parte en oro. Apenas la autoridad monetaria se dio cuenta de que el sistema económico estaba «doblando» el punto superior al finalizar el verano de 1957, actuó rápidamente utilizando todos los instrumentos de que disponía: redujo el tipo de descuento, rebajó los coeficientes de reserva obligatoria y realizó masivas operaciones de mercado abierto para proporcionar fondos a la economía. El efecto, naturalmente, fue el de una baja general de los tipos de interés. En los primeros meses de 1958 el sistema económico se rehízo iniciando así su cuarto ciclo (1958-1961). Pero el impulso fue breve y hacia la mitad de 1960 se agotó de nuevo: a posteriori podemos decir que la recuperación de 1958 a 1960 fue demasiado corta e incompleta.

La balanza de pagos se deterioró de nuevo, alcanzando un déficit de 3.300 millones de dólares en 1958 y de 3.800 millones de dólares en los dos años siguientes. Mientras, los supuestos en los que se basaba la falta de percepción por el flujo de dólares que salía de los Estados Unidos caían: en primer lugar, con el retorno a la convertibilidad de las principales monedas europeas a finales de 1958[77], ya no se podía sostener que el déficit americano era necesario para incrementar las reservas de estos países; además, en años más recientes no solo se dirigieron hacia Europa dólares, sino también crecientes cantidades de oro. Las naciones que tenían un saldo activo empezaron a pensar que los Estados Unidos se habrían visto obligados a devaluar su moneda si no procedían a reducir su déficit en sus cuentas con el extranjero. Estas opiniones terminaron por ser compartidas por las autoridades americanas, las cuales desde ese momento prestaron más atención al problema en cuestión.

Al alcanzar su punto de inflexión superior en el segundo trimestre de 1960, el sistema económico entró en una fase de recesión: el producto nacional bruto registró un descenso debido a la persistente debilidad de las inversiones y los consumos, el desempleo subió al 7 % y grandes cantidades de metal amarillo fueron drenadas de las reservas estadounidenses. Como sucede normalmente en estos períodos de moneda «fácil», los bancos intentaron obtener liquidez mediante la

77 Sobre las condiciones que llevaron al restablecimiento de la convertibilidad en 1958 y sobre el alcance de esta medida, véase BORTOLANI, «Las funciones de la BRI», págs. 48-60.

adquisición de bonos del Tesoro y otros activos de vencimiento no muy largo. Los tipos de interés a corto plazo disminuyeron más que los a largo plazo, y este descenso, en contraste con el aumento de los tipos de interés en ultramar, favoreció la salida de capitales, especialmente bancarios.

Por tanto, a comienzos de 1961, las autoridades americanas se encontraron frente a dos importantes problemas: 1) el crecimiento del déficit de la balanza de pagos, que implica continuas pérdidas de oro; 2) un elevado porcentaje de desempleo. Los intereses de cara al interior y de cara al exterior eran sensiblemente diferentes: los objetivos nacionales requerían una política monetaria expansiva con tipos de interés bajos, los internacionales una acción restrictiva que elevase los tipos de interés y redujera la salida de fondos. Se hacía indispensable una nueva técnica para la realización de las operaciones de mercado abierto[78]. Efectivamente, si la Reserva Federal seguía practicando la política de «bills only» habría incrementado la oferta monetaria necesaria para reactivar la economía, pero a costa de reducir los tipos de interés a corto plazo, lo cual era incompatible con el deseo de reducir la salida de capitales hacia el exterior.

La solución se encontró mediante el lanzamiento, en febrero de 1961, de la llamada «Operación Twist». A partir de entonces, la Reserva Federal adquiría preferentemente títulos públicos a largo plazo, disminuyendo así los correspondientes tipos de interés y estimulando las inversiones y el empleo. Al mismo tiempo procedía a la venta de bonos del Tesoro para sostener los tipos de interés del mercado monetario y estimular la inversión de capitales a corto plazo en los Estados Unidos[79]. El Tesoro, por su parte, siguió una política análoga, financiando su nuevo déficit mediante la emisión de títulos a corto plazo y adquiriendo en el mercado ingentes cantidades de obligaciones. El resultado fue positivo: desde febrero de 1961, fecha en que comenzó la operación, hasta mediados de 1965, el tipo de interés de los bonos del Tesoro a tres meses pasó del 2,4 % al 3,80 %, mientras que el de los títulos públicos a largo plazo solo del 3,80 % al

78 Recordamos que las citadas operaciones son sin duda el más importante instrumento de política monetaria de los Estados Unidos. Véase SMITH, «The Instruments of General Monetary Control», pág. 47.

79 La adopción de la «Operation Twist» supone un cambio significativo en la filosofía de la Reserva Federal en lo referente a las relaciones entre el sector a corto y el sector a largo plazo del mercado del crédito. Es un reconocimiento implícito de la existencia de barreras entre un compartimento y otro y de que, por tanto, la transmisión de efectos entre ambos mercados se produce con retrasos y distorsiones. Véase KARDOUCHE, «The Current Expansion», págs. 13-14 y nota 2.

4,10 %[80]. La economía entró en una fase de ininterrumpido desarrollo y el déficit de la balanza de pagos se redujo en este período de 3.900 a 1.300 millones de dólares[81].

La primera adquisición de títulos a largo plazo se anunció el 20 de febrero de 1961, el mismo día en que se introdujeron los certificados de depósito. A la luz de las medidas adoptadas para la consecución de los objetivos internos y externos anunciados, se puede apreciar claramente la razón por la cual la autoridad monetaria central creó condiciones favorables al éxito de los certificados de depósito. Estos favorecían su política, pues eran un instrumento de inversión a corto plazo muy atractivo y capaz de impulsar el aumento de los tipos de interés del mercado monetario. Además, al ser un medio de captación de fondos muy costoso para los bancos, obligaba a estos a utilizar una parte de los fondos así obtenidos en activos a largo plazo, contribuyendo a la eficacia de la «Operation Twist» en la marcha de los tipos de interés. Desde 1961 a 1964 los préstamos hipotecarios y la adquisición de títulos públicos de los gobiernos locales («municipal securities») supusieron para las «weekly reporting banks» —que, como ya sabemos, son los principales oferentes de certificados— más de la mitad del incremento de sus prestamos e inversiones totales y los certificados de depósito financiaron una tercera parte de este aumento total[82].

Como consecuencia de la nueva función asumida por los depósitos a plazo, la reglamentación sobre tipos de interés máximos aplicables tomó una importancia creciente en los años subsiguientes a la introducción de los certificados de depósito y pudo considerarse, de pleno derecho, como un instrumento más de política monetaria. Al estudiar la evolución en los últimos años de las magnitudes económicas que nos interesan, hemos considerado interesante preparar las tablas 4 y 5 y el gráfico V. En la primera tabla, hemos llevado los tipos mensuales

---

80 Sobre la dudosa eficacia de la «Operation Twist» en la opinión de algunos autores, véase SHAPIRO-SOLOMON-WHITE, «Money and Banking», página 692.

81 Para las restantes medidas adoptadas por las autoridades americanas para frenar la salida de capitales y reducir la presión sobre el dólar, véase en síntesis «ibidem», pág. 692.

82 Uno de los Gobernadores del Sistema de la Reserva Federal evidencia así la importancia de los certificados de depósito en el contexto de la política monetaria seguida en aquellos años: «estos cambios diferenciales en los tipos de interés, conocidos como "Operación Twist", no hubieran podido producirse sin los certificados de depósito y su rápido desarrollo. Como ya he dicho anteriormente, este desarrollo impulsó a la economía interior, contribuyendo al mismo tiempo a reducir la presión sobre la balanza de pagos. No creo que sea este el lugar apropiado para hablar de esta cuestión, pero estimo que la salida de dinero de las corporaciones americanas habría sido mayor y el aumento de los depósitos en los bancos nacionales menor si los tipos de interés a corto plazo en los Estados Unidos hubiesen sido más bajos o se hubiesen reducido». Véase DAANE, «A Central Banker Reappaises», pág. 10.

ofrecidos en el «secundary market» para certificados de depósito de 100.000 o más dólares, con vencimiento a tres meses, tal y como los da a conocer uno de los más importantes «dealers» de Nueva York. El gráfico se ha dibujado para expresar la comparación entre la marcha de los citados intereses y los del instrumento-guía del mercado a corto plazo y para evidenciar de qué modo las variaciones de la regla Q han secundado el movimiento de los tipos de interés. Finalmente, la tabla 5 resume las medidas de política monetaria adoptadas por la Reserva Federal durante el cuarto ciclo económico de la posguerra, en el cual —como puede verse— las variaciones de los tipos máximos sobre los depósitos no se incluían entre dichas medidas, y el período de continua expansión que se inició en 1961.

TABLA 4

TIPOS DE INTERÉS DE LOS CERTIFICADOS DE DEPÓSITO EN EL MERCADO

(certificados de depósito con vencimiento a tres meses y de importe nominal de 100.000 o más dólares)

FECHA[83]	1962	1963	1964	1965	1966	1967	1968	1969
Enero		3,19	3,88	4,17	4,90	5,70	5,65	6,65
Febrero		3,19	3,80	4,10	5,00	5,25	5,15	6,45
Marzo		3,16	3,80	4,25	5,00	5,25	5,35	6,65
Abril		3,13	3,95	4,30	5,30	4,80	5,70	6,65
Mayo	2,94	3,12	3,72	4,30	5,25	4,35	6,05	7,00
Junio	2,99	3,20	3,80	4,35	5,40	4,45	6,20	
Julio	3,19	3,30	3,90	4,30	5,60	4,80	6,00	
Agosto	3,19	3,50	3,85	4,28	5,65	5,00	5,90	
Septiembre	3,09	3,62	3,85	4,28	5,75	4,65	5,80	
Octubre	3,04	3,75	3,88	4,42	5,85	4,88	5,60	
Noviembre	3,04	3,80	3,90	4,47	5,70	5,30	5,95	
Diciembre	3,14	3,80	4,15	4,50	5,75	5,50	6,10	

Fuente: SALOMON BROTHERS & HUTZLER.

83 Desde 1962 a 1966 los datos están obtenidos de «An analytical record of yield spreads part III short-term».

Para 1967 y los nueve primeros meses de 1968, véase suplementos anuales de dicho boletín.

Para los restantes datos, véase «Bond Market Review».

La citada fuente ha comenzado a dar a conocer los tipos de interés sobre los certificados de depósito a partir de mayo de 1962. Desde dicha fecha hasta diciembre de 1963, los tipos se refieren a la mitad del mes; desde enero de 1964 en adelante, al principio del mes.

Los aumentos de la regla Q de 1962, 1963, 1964 y 1965 tuvieron como fin permitir que los bancos siguieran vendiendo los certificados de depósito en los momentos en los que la elevación de los tipos de interés presionaba sobre el ceiling». Es interesante al respecto entrar en mayores detalles haciendo dos consideraciones previas: los certificados, para ser competitivos en el mercado, tienen que asegurar una remuneración superior a la de los bonos del Tesoro, generalmente, en ¼ %, aproximadamente[84]; los certificados se emiten y tratan «sobre la base del rendimiento» y la comparación con títulos negociados sobre la base del descuento, como los bonos del Tesoro, exagera la real diferencia entre ambos tipos de interés, si el segundo es inferior[85]. Esto permite interpretar de forma correcta el gráfico V sin llegar a la conclusión, tras una primera mirada, de que los certificados de depósito han sido siempre más atractivos que los bonos del Tesoro y a olvidar que otros instrumentos a corto plazo compiten con estos.

84 Esto refleja el diferente grado de seguridad y liquidez de ambos instrumentos. Véase al respecto más detalles en el epígrafe 10, dedicado al mercado secundario.

85 También para la explicación de este punto véase el epígrafe 10 y las notas 130 y 134. Aquí nos limitaremos a decir que dicha diferencia cambia al variar el tipo de interés y el vencimiento.

TABLA 5
VARIACIONES DEL TIPO OFICIAL DE DESCUENTO, DE LAS RESERVAS OBLIGATORIAS DE LÍQUIDEZ Y DE LA REGLA «Q»
(desde el tercer trimestre 1958 a 1969)

FECHA	DESCRIPCIÓN
	1958-1961: *Cuarto ciclo económico de la posguerra*
1958: 3° trim.	*Comienzo de la expansión*
12 sept.	Tipo de descuento: aumento del 1 ¾ al 2 %
7 nov.	Tipo de descuento: aumento del 2 al 2 ½ %
1959: 6 marzo	Tipo de descuento: aumento del 2 ½ al 3 %
29 mayo	Tipo de descuento: aumento del 3 al 3 ½ %
11 sept.	Tipo de descuento: aumento del 3 ½ al 4 %
1960: 2.° trim	*Punto de inflexión superior*
10 junio	Tipo de descuento: disminución del 4 al 3 ½ %
12 agosto	Tipo de descuento: disminución del 3 ½ al 3 %
1 sept.	Reservas obligatorias: disminución del coeficiente para los depósitos a la vista del 18 al 17 ½ % (para los central reserve city banks)
24 nov.	Reservas obligatorias: aumento del coeficiente para los depósitos a la vista del 11 al 12 % (para los country banks)
1 dic.	Reservas obligatorias: disminución del coeficiente para los depósitos a la vista del 17 ½ % al 16 ½ % (para los central reserve city banks)
1961: 1.° trim.	*Punto de inflexión inferior*
	Desde 1961: *Continua expansión*
1961: 2° trim.	*Comienzo de la expansión*
1962: 1 enero	Regla Q: aumento del tipo de interés máximo sobre los depósitos a plazo a más de seis meses
25 octub.	Reservas obligatorias: disminución del coeficiente para los depósitos a plazo del 5 al 4 %
1963: 17 julio	Tipo de descuento: aumento del 3 al 3 %
17 julio	Regla Q: aumento del tipo de interés máximo sobre los depósitos a plazo a más de tres meses al 4 %
1964: 24 nov.	Tipo de descuento: aumento del 3 ½ al 4 %
24 nov.	Regla Q: aumento del tipo de interés máximo al 4 % para todos los depósitos a menos de tres meses y al 4 ½ % para los a más de tres meses

TABLA 5 (CONT.)

FECHA	DESCRIPCIÓN[86]
1965: 6 dic.	Tipo de descuento: aumento del 4 al 4 ½ %
6 dic.	Regla Q: aumento del tipo de interés máximo sobre todos los depósitos a plazo al 5 ½ %
1966: 14 julio	Reservas obligatorias: coeficiente del 5 % para los depósitos a plazo con importe superior a 5 millones de dólares
20 julio	Regla Q: diferentes tipos máximos de interés para los depósitos a plazo con vencimiento múltiple o único
8 sept.	Reservas obligatorias: coeficiente del 6 % para los depósitos a plazo de importe superior a los 5 millones de dólares
26 sept.	Regla Q: disminución del 5 ½ al 5 % del tipo máximo de interés sobre depósitos a plazo con vencimiento único e importe unitario inferior a 100 mil dólares
1967: 2 marzo	Reservas obligatorias: disminución del coeficiente sobre los depósitos de ahorro y a plazo inferior a los 5 millones de dólares del 4 al 3 ½ %
16 marzo	Reservas obligatorias: disminución del coeficiente sobre depósitos de ahorro y a plazo inferior *a* los 5 millones de dólares del 3 ½ al 3 %
7 abril	Tipo de descuento: disminución del 4 al 4 %
20 nov.	Tipo de descuento: aumento del 4 al 4 ½ %
1968: 11 enero	Reservas obligatorias: nuevos coeficientes para los depósitos a la vista (reserve city banks: 16 ½ 17; country banks 12-12 ½, respectivamente, para depósitos inferiores o superiores a los 5 millones de dólares)
22 marzo	Tipo de descuento: aumento del 4 ½ al 5 %
19 abril	Tipo de descuento: aumento del 5 al 5 ½ %
19 abril	Regla Q: escala de tipos de interés máximos del 5 ½ al 6 % para los depósitos a plazo con vencimiento único y de importe superior a los 100.000 dólares
30 agosto	Tipo de descuento: disminución del 5 ½ al 5 ½ %
18 dic.	Tipo de descuento: aumento del 5 ¼ al 5 ½ %
1969: 3 abril	Tipo de descuento: aumento del 5 ½ al 6 %
3 abril	Reservas obligatorias: nuevos coeficientes para los depósitos a la vista (reserve city banks: 17-17 ½; country banks 12 ½-13, respectivamente, para depósitos inferiores o superiores a los 5 millones de dólares)

Fuente: FEDERAL RESERVE BULLETIN.

86 El tipo de descuento es el aplicado por «Federal Reserve Bank of New York»; los vigentes en otros distritos federales puede presentar escasas diferencias. Para mayores detalles sobre la Regla Q, véase la tabla 1.

Durante 1961 los bancos pudieron ofrecer a tipos de interés competitivos únicamente los certificados con vencimiento a más de seis meses. Los límites establecidos por la Regla Q para los depósitos a plazo con vencimiento entre 3 y 6 meses y entre 1 y 3 meses (2 ½ % y 1 %, respectivamente) no permitieron la emisión de certificados de depósito con estos vencimientos, pues el tipo de interés de los bonos del Tesoro era ligeramente inferior al 2 ½ %. Hacia finales de año, dicho tipo de interés tendió a aumentar, poniendo en peligro a los certificados de depósito con vencimiento entre 6 y 12 meses, cuyo «ceiling» era el 3 %. Pero en este momento se produjo la primera de las variaciones citadas, mediante la cual el Consejo de Gobernadores hizo posible el mantenimiento de la competitividad de los certificados en cuestión. Mayor alcance tuvo el aumento de la Regla Q de mediados de 1963: gracias a este los tipos de interés de todos los depósitos a plazo con vencimiento superior a los 90 días fueron elevados al 4 %, permitiendo a los certificados de depósito con vencimiento entre 3 y 6 meses competir, por vez primera, con los otros instrumentos a corto plazo. Pero los certificados con vencimiento inferior a 90 días seguían siendo invendibles: los inversores que durante aquel período deseaban estos vencimientos más breves únicamente podían satisfacer su demanda a través del mercado. Efectivamente, la Regla Q únicamente regula los tipos de interés en el momento de la emisión de los certificados y no los alcanzados en posteriores transacciones. Como consecuencia de ello, estos inversores obtenían en el mercado certificados con vencimiento inferior a los 90 días a un tipo de interés superior al permitido (1 %)[87]. Tanto el retoque de la Regla Q de julio de 1963 como el de 1964 fueron motivados por la elevación del tipo de interés de los bonos del Tesoro, que acercaron a los de los certificados de depósito a su límite superior. Especialmente con la segunda corrección, los certificados con vencimiento entre 1 y 3 meses se hicieron también competitivos.

Mientras tanto, se alzaron varias voces en favor de una reestructuración de la Regla Q, argumentando que la tendencia al aumento de los tipos de interés se había visto frenada con frecuencia por los límites impuestos por el Consejo de Gobernadores. Tres

---

87 El siguiente ejemplo, obtenido de FEDERAL RESERVE BANK OF CLEVELAND, «Certificates of Deposit», pág. 17, aclara el concepto: un individuo adquiere a un banco un certificado de depósito de un millón de dólares, con vencimiento a 6 meses y a un interés del 4 %. Si conserva el certificado, al vencimiento cobrará su inversión de un millón de dólares más 20.000 dólares de intereses. Supongamos, por el contrario, que 45 días antes del vencimiento vende el certificado en el mercado cobrando 1.015.500 dólares. En este caso tanto el comprador como el vendedor obtienen un beneficio: el primero obtendrá, si conserva el certificado hasta el vencimiento, un interés del 3,6 % en vez del 1 % obtenible en la adquisición directa al banco; el segundo conseguirá, además de un 4 % de interés durante 135 días (15.000 dólares), un beneficio adicional de 500 dólares.

organismos oficiales[88] propusieron convertir la reglamentación de base continua en una base discrecional, en otras palabras, recurrir a los «ceiling» únicamente en caso de emergencia, cuando una mayor competencia lesionara el interés público[89]. Dichos consejos, si bien nunca fueron seguidos por la Reserva Federal, presionaron a la misma, haciendo que se revisaran en el momento oportuno los límites máximos vigentes. Como tendremos ocasión de mencionar, el problema en cuestión sigue más que nunca abierto en 1969.

Pero, no obstante, hasta 1966 las entidades de crédito no tuvieron motivos para preocuparse: si bien la Regla Q era mantenida sobre una base continua, estas interpretaban los sucesivos aumentos como un deseo del banco central de mantener la competitividad de los certificados de depósito. La fuerte elevación de diciembre de 1965 vino a reforzar esta creencia: todos los tipos de interés sobre depósitos a plazo fueron elevados al 5 ½ %, en un momento en que las entidades de crédito habían perdido la mayor parte de sus certificados de depósito (véase Gráfico V). Pero el final de 1965 marcó un claro cambio en la tendencia seguida por la Reserva Federal, es decir, el paso de una política favorable al crecimiento de los tipos de interés a corto plazo a directrices de sentido opuesto, consecuentes con el nuevo curso de la economía nacional. El año 1966 fue un período muy delicado para los certificados de depósito, en el cual los bancos se dieron cuenta de que seguían dependiendo de la autoridad monetaria central para la realización de sus programas. Un examen más detenido de la restricción crediticia del otoño de 1966 pone de relieve la función desempeñada por los certificados de depósito en el ámbito de las medidas adoptadas por la Reserva Federal y aclara los problemas que las entidades de crédito han tenido que afrontar para suplir la falta de renovación de sus certificados.

---

88 Estos son: «la «Commision on Money and Credit», el «Advisory Committee on Banking to the Comptroller of the Currency» y el «Presidential Committee on Financial Institutions».

89 Para un más extenso tratamiento del tema y para una exposición de los argumentos en favor de la actual reglamentación, de su total abolición y de su conversión sobre base discrecional véase RITTER, «Regulation Q».

GRÁFICO V

REGLA Q Y TIPOS DE INTERÉS DE MERCADO DE LOS CERTIFICADOS DE DEPOSITO Y BONOS DEL TESORO

(Vencimiento a tres meses.)[90]

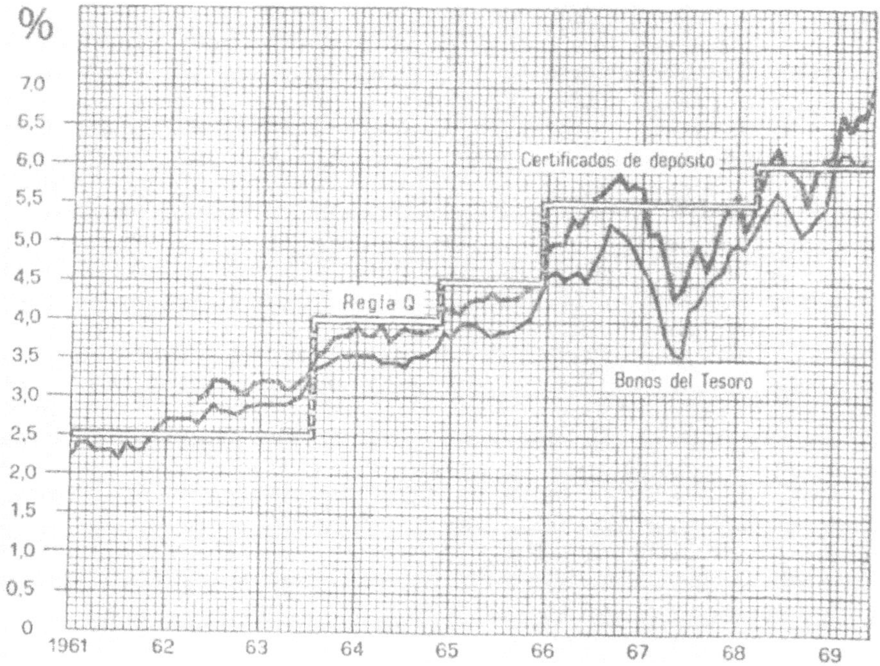

Fuente: Regla Q: BOARD OF THE FEDERAL RESERVE SYSTEM. Certificados de depósito: datos de la tabla 4. Bonos del Tesoro: FEDERAL RESERVE BULLETIN, varios años: tabla «Money Market Rates».

Hacia finales de 1965 la economía americana había alcanzado una expansión sin precedentes, con un margen de capacidad productiva no utilizada y de desempleo muy bajos. Al mismo tiempo empezaban a manifestarse presiones inflacionistas. Durante gran parte de 1966 la demanda global creció continuadamente a un ritmo muy intenso, reflejando los fuertes programas de gastos de las empresas, las

90 Los tipos de interés de la regla Q son los vigentes para depósitos con vencimiento a tres meses.

entidades locales y el gobierno federal, el último a causa de la escalada de la guerra de Vietnam. En lo referente al mercado del crédito, se registró una fuerte demanda de prestamos tanto por parte del sector privado como del público en un clima de creciente tensión monetaria. Dicha demanda era consecuencia no solo del deseo de utilizar las sumas conseguidas en inversiones productivas, sino del deseo de disponer de un adecuado margen de liquidez para necesidades futuras.

Con tipos de interés crecientes a un ritmo cada vez mayor, la Reserva Federal utilizó, desde diciembre de 1965 a septiembre de 1966, todos los instrumentos de que disponía para atenuar la subida de los precios y para hacer que la economía volviera a los límites de su capacidad productiva. Simultáneamente al aumento de la Regla Q, se decidió el 6 de diciembre de 1965 elevar el tipo de descuento del 4 al 4 ½ %, indicando así al sistema bancario que podían seguir compitiendo en la captación de fondos, pero en un clima de moderada restricción. Dicha variación alineó, durante poco tiempo, el tipo de descuento con los otros tipos de interés, los cuales seguían creciendo. Para evitar una reacción en cadena, el tipo de descuento no se volvió a retocar en 1966, recurriendo a otras medidas. Las operaciones de mercado abierto tuvieron como fin presionar sobre las reservas de los bancos, y el mismo objetivo se logró mediante dos elevaciones del coeficiente de reservas obligatorias sobre los depósitos a plazo (véase Tabla 5). También se utilizó ampliamente el «convencimiento moral» para indicar al sistema bancario la amenaza de inflación y para inducir a las entidades de crédito a ser más selectivas en la concesión de préstamos, evitando los destinados a actividades claramente no productivas.

De gran eficacia fue la posibilidad de incidir sobre el volumen de los certificados de depósito, es decir, sobre esa fuente adicional de captación de fondos tan sensible a los tipos de interés: la no elevación del «ceiling» durante 1966 tuvo como efecto deseado reducir los fondos a disposición de los bancos para ampliar sus líneas de crédito, como querían las empresas clientes, evitar mayores estímulos al alza de los tipos de interés y, al mismo tiempo, alcanzar otro objetivo importante para la balanza de pagos americana[91]. La limitación a la captación de fondos en el interior —en concomitancia con una creciente demanda de prestamos— obligó a las entidades de crédito a dirigirse hacia el mercado del euro-dólar y a recuperar las sumas perdidas con los

91 Con referencia a la situación en 1966, el Gobernador Daane se expresa así: «Una vez más los CD desempeñaron el papel de eje en las acciones políticas del sistema... La acción más importante fue la inactividad: el interés máximo permitido para los CD negociables no fue incrementado a pesar del continuo aumento de los tipos de interés en el mercado de los instrumentos competitivos.» Véase DAANE, obra citada, págs. 11-12.

certificados de depósito mediante operaciones con sus filiales de ultramar. El beneficio para las cuentas con el exterior fue evidente, si bien se obtuvo a un coste muy elevado.

Tras hablar de las medidas tomadas por la Reserva Federal, debemos preguntarnos ahora cuál ha sido el comportamiento de los bancos en el período en estudio. Estos se prepararon a responder a la creciente demanda de préstamos, ante todo intentando satisfacerla mediante la liquidación de ingentes cantidades de títulos en cartera y, en segundo lugar, comprometiéndose a seleccionarla. A principios de 1966 los certificados de depósito eran, sobre el papel, uno de los más seguros e importantes medios de captación de fondos para hacer frente a la situación prevista, y los bancos miraban hacia ellos con cierta tranquilidad, pues el reciente aumento de la Regla Q los colocaba en situación competitiva frente a los otros instrumentos a corto plazo.

Los acontecimientos se desarrollaron en sentido desfavorable en el período siguiente: al aumentar rápidamente los tipos de interés del mercado monetario los bancos ofrecieron sus certificados a tipos cada vez más elevados. El deseo de atraer nuevos fondos era muy fuerte, pues se mantenía la posibilidad de invertir las sumas obtenidas de forma provechosa. En el plazo de unos meses los intereses pagados sobre los certificados de depósito alcanzaron los límites máximos: en primer lugar en los de vencimiento más largo y luego en los a corto plazo. Hacia finales de agosto, la situación era la siguiente: mientras que los certificados de depósito estaban «bloqueados» en el 5 ½ %, los pagarés comerciales a 4-6 meses aseguraban un interés del 5 ⅞ %, las aceptaciones bancarias a 90 días en los pagarés de las sociedades de financiación a 3-6 meses el 5 ⅝ % y los bonos del Tesoro a 3 y 6 meses, respectivamente, del 5 y del 5,40 %[92]. Los tipos de interés de los certificados de depósito en el mercado estuvieron por encima de los fijados en la Regla Q durante los meses comprendidos entre julio y diciembre, durante los cuales los bancos registraron un descenso de cerca de 3.000 millones de dólares[93].

En previsión de este desarrollo, las principales entidades adoptaron medidas alternativas adecuadas hacia finales de verano. Sabedores del clima de creciente restricción y del hecho de que los certificados de depósito perderían pronto su competitividad, se dirigieron con cierta anticipación al mercado del euro-dólar[94]. En ese momento dicha fuente

92 Más adelante examinaremos estos instrumentos del mercado monetario. Véase epígrafe 10.

93 Véanse Tablas 2 y 4 y Gráfico V.

94 «El euro-dólar es un dólar adquirido por un banco fuera de los Estados Unidos y que es utilizado directamente o previa conversión en otra divisa para conceder préstamos a los sectores no bancarios, quizá tras haber sido redepositado una o varias veces en otros bancos.» Véase BANCO DE PAGOS INTERNACIONALES, «XXXVIII Relación anual», pág. 143.

parecía menos costosa que antes, debido a la extraordinaria subida de los tipos de interés a corto plazo en los Estados Unidos. Además, el mayor coste, que ya se había reducido aproximadamente en un 3/8 % en la primera mitad de 1966, quedaba compensado por el hecho de que estos pasivos no estaban sujetos ni a la reserva obligatoria ni a la cobertura por parte del Instituto Federal de Seguro sobre Depósitos (como sucedía con los certificados de depósito). El flujo de euro-dólares fue el principal medio que utilizaron las mayores entidades de crédito para paliar la reducción de los certificados de depósito en circulación: el volumen del préstamo tomado a través de las filiales en el extranjero, aproximadamente igual a la pérdida experimentada, confirma este hecho.

Otra prueba interesante de que durante esos meses de 1966 los grandes bancos hicieron todo tipo de esfuerzos para atraerse nuevos fondos, es la iniciativa tomada por algunos de estos de vender sus certificados de depósito negociables en euro-dólares en el mercado de Londres y constituir para los mismos un «secondary market». El fin era conseguir nuevos fondos, en especial atrayendo, a un interés algo más bajo, las disponibilidades de los inversores más pequeños que antes no entraban en el mercado. Efectivamente, estos certificados de depósito se ofrecían en importes relativamente pequeños (desde 25.000 dólares en adelante) si se compara con el depósito mínimo en euro-dólares (250.000 dólares) o con el de los certificados de depósito normales (100.000 dólares). Aun no estando sujetos a la Regla Q estos certificados de depósito, no contribuyeron de modo esencial a la captación de fondos en el extranjero[95].

Consecuencia del mayor coste sostenido para obtener dichas sumas fue la elevación, en cuatro veces consecutivas, entre diciembre de 1965

La literatura sobre este tema es muy abundante; véanse los capítulos de la Relación anual que el BRI dedica desde 1964 al mercado de las eurodivisas y la selecta bibliografía indicada por SCOTT, «European Capital Market», págs. 249-251.

95 Un estudio detallado de las operaciones realizadas en 1966 por las mayores entidades de crédito de Nueva York con el fin de hacer frente a la delicada situación e incrementar sus medios líquidos, dentro de una política fuertemente restrictiva, es el de LYNN, «The Eight Major New York City Banks during 1966», al cual nos hemos referido en ocasiones en las páginas anteriores.

Para más detalles sobre las características de los certificados de depósito en eurodólares véase EINZING, «London Dollar Certificates of Deposit», págs. 328-345. Si bien el desarrollo de los certificados en cuestión ha sido más intenso en años posteriores, el total de los mismos es pequeño comparado con el de los certificados americanos. A finales de 1968 las estadísticas del Banco de Inglaterra proporcionaban un dato cercano a los 1.000 millones de dólares.

y agosto de 1966, del «prime rate»[96] [97], desde el 4 ½ % al 6 %, con el fin de mantener la conveniencia económica de las operaciones de crédito. Además, dichos aumentos no frenaron demasiado la demanda de crédito, como tampoco la contuvo la petición de «compensating balances» mayores.

Pero la restricción crediticia duró solo unos meses y en la última parte del año se produjo un retorno a condiciones más favorables. En septiembre, el presidente Johnson anunció un vasto programa antiinflacionista; a finales de otoño, puesto que algunos indicadores señalaban una recesión en la actividad económica, la Reserva Federal optó por reducir el rigor de las reservas bancarias; los tipos de interés a corto plazo comenzaron a disminuir, y la demanda de crédito, que había sido la principal fuente de presión para el sistema, mostró señales de debilidad, desarrollándose durante el cuarto trimestre al ritmo más bajo conocido a partir de 1961. Los certificados de depósito a más corto plazo comenzaron a ser de nuevo competitivos en diciembre y los otros en el mes siguiente.

El año 1967 fue para los certificados de depósito un año netamente en contraste con el anterior: en los primeros meses su volumen alcanzó el existente antes del «credit crunch»[98] y después continuó su aumento, aunque no de forma tan considerable. Hay que destacar que los bancos pudieron atraer a los nuevos certificados con intereses decrecientes, elevando progresivamente la diferencia entre el interés ofrecido y el límite máximo de la Regla Q. Este movimiento representó, naturalmente, el reflejo del cambio en la política monetaria, caracterizada desde finales de 1966 por la expansión. Puesto que la oferta de fondos disponibles para inversiones y prestamos creció, los tipos de interés, especialmente a corto plazo, continuaron con la tendencia al descenso, iniciada a finales del año anterior. Una serie de medidas complementó este desarrollo: los bancos redujeron en marzo el «prime rate» desde el 6 al 5 ½ %, la Reserva Federal disminuyó el coeficiente de reserva obligatoria sobre algunos tipos de depósitos a

---

96 El «prime rate» es el interés que los bancos aplican a los créditos concedidos a los mejores clientes. Es, por tanto, el menor y al cual se adecúan de forma creciente los restantes: préstamos a clientes menos importantes, al consumo, hipotecarios, etc. Sobre la importancia del «prime rate» como uno de los principales indicadores de la situación crediticia general y sobre su historia a partir de los años «treinta» véase WOJNILOWER-SPEAGLE, «The prime rate», págs. 47-56.

97 Interés preferencial o privilegiado, según la terminología castellana. En octubre último, el Fist National City Bank ha anunciado la adopción de una nueva práctica bancaria, denominada «interés preferencial flotante», que se basa en relacionar el «prime rate», a través de un diferencial de medio punto, con el tipo de interés que se aplica al «commercial paper» (N. del R.).

98 Esta expresión, que literalmente puede traducirse por «fuerte restricción crediticia», se creó especialmente para designar al período de política restrictiva de 1966.

plazo y de ahorro desde el 4 al 3 %, realizó operaciones de mercado abierto para inyectar liquidez en el sistema y en abril redujo el tipo de descuento del 4 ti % al 4 %. No obstante, en el segundo trimestre del año la demanda de crédito comenzó a presionar sobre las notables disponibilidades de los bancos, como consecuencia de las necesidades del Tesoro para financiar su fuerte déficit. Los tipos de interés invirtieron su tendencia y comenzaron a aumentar rápidamente; los ingresos obtenidos mediante los certificados fueron menores que los logrados con la adquisición de los euro-dólares.

La política restrictiva se intensificó en la primera mitad de 1968 para lograr dos objetivos: moderar el proceso inflacionista interior, que, originado por el continuo aumento de la demanda total, incidía sobre los precios, ya presionados por el aumento de los salarios y de otros costes, y reforzar el dólar después de la crisis monetaria internacional, que culminó con la devaluación de la libra esterlina en noviembre de 1967 y agudizada por el continuo déficit de la balanza de pagos americana. Las medidas adoptadas por la Reserva Federal reflejaron el deseo de alterar estas tendencias (véanse en la Tabla 5 las medidas tomadas en la primera parte de 1968).

Los tipos de interés subieron de nuevo y se hizo difícil para los bancos poder renovar al vencimiento los certificados de depósito propios: el modesto incremento total del primer trimestre (224 millones de dólares) resultó de una pérdida neta en las entidades de Nueva York de 669 millones de dólares (véase Tabla 2). El 19 de abril, el Consejo de Gobernadores retocó, por primera vez desde diciembre de 1965, los límites máximos de los intereses aplicables a los certificados de depósito, graduándolos según el vencimiento: siguió en vigor el 5 ½ % para los de vencimiento incluido entre 30 y 59 días; mientras que para los restantes (89 días, 90-179 días, 180 o más días) los tipos fueron elevados, respectivamente, al 5 ¾, 6 y 6 ¼ %. Si bien los bancos ofrecieron rápidamente los certificados de depósito a los nuevos «ceiling», no estuvieron en condiciones de atraer fuertes sumas, pues al tiempo los intereses de los otros instrumentos del mercado monetario seguían creciendo. Hubo que esperar hasta junio para asistir a una caída de los tipos de interés, cuando el Congreso dictaminó un programa de política financiera restrictiva, incluyendo una elevación del impuesto sobre el rendimiento del 10 % y una reducción del gasto federal. Como consecuencia, los certificados de depósito se hicieron de nuevo competitivos y pudieron ser ofrecidos a tipos de interés decrecientes en elevado importe (más de 3.000 millones de dólares en el tercer trimestre).

A partir del otoño, los acontecimientos son recientes: es interesante enumerarlos, pues representaron otro período delicado para los certificados de depósito, comparable en algunos aspectos al de

1966. Una vez más veremos la importancia de la función de estos instrumentos y podremos sacar algunas conclusiones de carácter general.

La economía sigue desarrollándose a un ritmo excesivo, casi al límite de su capacidad productiva, con una tasa de desempleo que es la menor desde 1953 (menos del 4 % de la población activa) y con una demanda de bienes y servicios que presionaba desde hace meses sobre el nivel de precios. Todo ello, a su vez, contribuye a empeorar la posición americana en los intercambios internacionales. La escalada de los tipos de interés refleja el contraste de dos importantes fuerzas: la exuberante tendencia (trend) de la actividad económica y el cambio a una política monetaria restrictiva. A más largo plazo podemos decir que la subida de los tipos de interés es consecuencia de seis factores que se han manifestado en los últimos tres años: *a)* la guerra del Vietnam; *b)* la inflación; *c)* el «credit crunch» de 1966; *d)* la enorme deuda federal; *e)* la crisis de la libra esterlina; *f)* la crisis del dólar[99].

En diciembre la restricción se acentúa: el tipo de descuento es elevado al nivel máximo del 5 ½ % y los bancos reaccionan, en el plazo de tres semanas, con un aumento del «prime rate». Decisiva importancia tiene el hecho de que la autoridad central no modificó la Regla Q, como sucedió en 1966. El efecto sobre los certificados de depósito es importante y acentuado: véase la Tabla 6, en la que se indican los datos correspondientes a las variaciones semanales del volumen de los certificados de depósito en circulación. En dos meses (exactamente desde el 2 de octubre al 4 de diciembre) los bancos registraron un continuo aumento, alcanzándose el punto más alto en los 24.326 millones de dólares. Pero a diferencia del período anterior, estos se ven obligados a ofrecer los certificados a tipos de interés crecientes, hasta que al cabo de unas semanas se alcanzaron los límites máximos impuestos por la reglamentación. Una nueva elevación de los otros tipos de interés del mercado colocó a los certificados de depósito fuera de toda conveniencia económica.

El descenso masivo y progresivo que se inicia a los primeros de diciembre solo en parte es imputable a la acostumbrada retirada de certificados por parte de las empresas para hacer frente al pago trimestral de los impuestos a mediados de mes; efectivamente, este se mantiene en enero y febrero contrariamente al desarrollo normal de estos meses. En solo dos meses (desde el 4 de diciembre al 5 de febrero) las entidades de crédito asisten a la salida de la suma récord de más de 3.700 millones de dólares. Igual que en 1966, estas se dirigen con rapidez hacia el mercado del euro-dólar, pero consiguen fondos a un precio muy elevado (entre el 7 y el 7 ½ % en enero, más del 8 % en los

99 Véase SALOMON BROTHERS & HUTZLER, «Bond Market Review, pág. 2.

tres meses siguientes). Se decide un ulterior aumento del «prime rate» el 7 de enero, y se lleva al nivel del 7 %.

La administración Nixon coloca a la lucha contra la inflación en el primer lugar de los objetivos de política interna para el futuro inmediato e intensifica los esfuerzos —tanto en el plano fiscal como, especialmente, en el monetario— para frenar la tendencia expansiva. El problema es delicado, pues se trata de atenuar la presión inflacionista sin llevar a la economía a una recesión total[100]. Los instrumentos de control del crédito se utilizan con decisión y firmeza, aunque con cierta discreción: más concretamente, se deja que las entidades de crédito sigan perdiendo semanalmente fuertes importes de certificados de depósito. A mediados de marzo los bancos, que tienen que soportar el elevado coste de los euro-dólares, responden elevando el «prime rate» hasta un 7 ½ %, al que sigue en abril una elevación del tipo oficial de descuento en ½ % y la imposición de coeficientes de reserva mayores sobre los depósitos a la vista. En junio se vuelve a elevar el «prime rate» en una unidad.

A finales de mayo algunos indicadores señalan los primeros síntomas de que el sistema económico se está «enfriando». Pero mientras el descenso de los certificados prosigue ininterrumpidamente (Tabla 6), llevando el volumen total en circulación de los mismos por debajo de los 17.000 millones de dólares, es decir, a un nivel inferior en casi 8.000 millones al alcanzado en diciembre del año anterior. Esta cifra da una clara idea de la severidad de las condiciones de este período, superior, sin duda, a la análoga situación de 1966.

Para concluir este epígrafe, creemos oportuno hacer un resumen de los puntos esenciales que hemos expuesto, añadiendo algunas consideraciones de carácter general:

1) El nacimiento de la Regla Q como instrumento de control del crédito coincidió con la introducción de los certificados de depósito, los cuales la han hecho muy útil por su capacidad, tantas veces mencionada, de fluctuar ampliamente, incluso para pequeñas variaciones de los tipos de interés. Los responsables de la política monetaria han considerado atentamente a los certificados de depósito, incluyéndolos recientemente en sus previsiones[101].

---

100 Este es el resultado que hay que lograr, según muchos. «The Wall Street Journal» dice al respecto: «Los economistas han interpretado la política actual de la Reserva Federal como un intento de seguir un curso tortuoso en medio de una restricción de créditos suficiente para frenar las expectativas inflacionistas, pero no lo suficientemente fuerte como para llevar a la nación a una fase de recesión total.» Véase THE WALL STREET JOURNAL, «Major Banks Raise Prime Rate», pág. 3.

101 Un ejemplo de ello son las «proyecciones» sobre desarrollo económico y financiero dadas a conocer el 25 de febrero de 1969 por la Reserva Federal, en las cuales se presume que, dentro del clima general de restricción monetaria, el reducido porcentaje de aumento del

TABLA 6

VARIACIONES SEMANALES DE LOS CERTIFICADOS DE DEPÓSITO DE LOS «WEEKLY REPORTING BANKS» DESDE EL 2 DE OCTUBRE DE 1968 AL 4 DE JUNIO DE 1969

(importe unitario de 100.000 $ o más, en millones de dólares)

FECHA	Total emitido (1)	Variación semanal (2)	New York City Banks (3)	Variación semanal (4)
1968: 2 octubre	22.589		6.626	
9 octubre	22.699	110	6.717	91
17 octubre	23.108	409	6.919	202
23 octubre	23.155	47	6.928	9
30 octubre	23.303	148	6.962	34
6 noviembre	23.407	104	6.994	32
13 noviembre	23.385	— 22	6.926	— 68
20 noviembre	23.640	255	7.037	111
27 noviembre	24.307	667	7.485	448
4 diciembre	24.326	19	7.478	— 7
11 diciembre	24.260	— 66	7.443	— 35
18 diciembre	23.513	— 747	6.889	— 554
25 diciembre	23.474	— 39	6.839	— 50
1969: 1 enero	22.820	— 654	6.453	— 386
8 enero	22.374	— 446	6.210	— 243
15 enero	21.787	— 587	5.933	— 277
22 enero	21.445	— 342	5.760	— 173
29 enero	21.031	— 414	5.643	— 117
5 febrero	20.603	— 428	5.357	— 286
12 febrero	20.484	— 119	5.281	— 76
19 febrero	20.126	— 358	5.069	— 212
26 febrero	19.968	— 158	4.992	— 77
5 marzo	19.592	— 376	4.802	— 190
12 marzo	19.395	— 197	4.745	— 67
19 marzo	18.809	— 586	4.444	— 301
26 marzo	18.792	— 17	4.417	— 27
2 abril	18.626	— 166	4.381	— 36
9 abril	18.494	— 132	4.288	— 93
16 abril	17.993	— 501	4.053	— 235
23 abril	17.991	— 2	4.020	— 33
30 abril	17.612	— 379	3.820	— 200
7 mayo	17.495	— 117	3.769	— 51
14 mayo	17.408	— 87	3.742	— 27
21 mayo	17.138	— 270	3.602	— 140
28 junio	16.973	— 165	3.497	— 105
4 junio	16.623	— 350	3.373	— 124

Fuente: BOARD OF GOVERNORS: «Statistical Release: Weekly Condition Report of Large Commercial Banks».

---

crédito bancario en 1969 (4-7 % respecto al 11 % del año anterior) se deberá en gran parte a la disminución de la tasa de aumento de los depósitos a plazo y de ahorro, especialmente de los certificados de depósito (se supone que estos crecen a un ritmo del 1-5 %, frente al 11,3% del año anterior) (pág. 7 y Tabla 4).

En lo referente a la futura política a seguir, el citado estudio evidencia de este modo la importancia de los certificados de depósito y las dificultades que pueden causar: «El proyectado aumento de los depósitos bancarios y del crédito depende fundamentalmente del mantenimiento de un apropiado grado de restricción extendido a todos los bancos del sistema, restricción consistente en una gradual disminución de los certificados de depósito, como sucedió en 1969, aunque a una tasa menor que la registrada en enero y principios de febrero. Esto no será fácil de realizar. La reacción de los bancos y de los potenciales poseedores de los CD no es ni optimista ni fácil de predecir; a veces una ligera diferencia puede provocar amplias fluctuaciones en las salidas y entradas de los bancos. Puede ser necesario para variar la intensidad de la restricción sobre las reservas bancarias, tomar de vez en cuando medidas con el fin de mantener el grado de tensión necesario, si se quiere llevar a cabo el proyecto» (páginas 25-26). Véase BOARD OF GOVERNORS, «Staff Projection for 1969».

2) Desde 1961 a 1969 los certificados de depósito han contribuido a alcanzar los objetivos fijados en cada caso por la Reserva Federal: de 1961 a 1965 facilitando la «Operación Twist», haciendo elevar los tipos de interés a corto plazo; en 1966 forzando a los bancos a reducir su capacidad de crédito y a recibir del extranjero los medios sustitutivos; en 1967 favoreciendo el paso a una situación de ampliación del crédito; finalmente, en el período 1968-1969, contribuyendo a atenuar la presión inflacionista y a producir una nueva afluencia de fondos desde Europa.
3) La experiencia de estos ocho años ha señalado a los bancos que no tienen una total libertad para seguir las directrices más oportunas desde un punto de vista estrictamente empresarial. Si bien es cierto que la Reserva Federal ha secundado su política expansiva en ciertas ocasiones, estos saben que en los momentos críticos para la estabilidad monetaria (es decir, en aquellos momentos en que más necesarios les son los fondos) los certificados de depósito se convierten en un arma eficaz en manos de la autoridad central para cortar una importante fuente de abastecimiento de fondos. Son significativos al respecto los acontecimientos de otoño de 1966 y los de 1968-1969.
4) Las polémicas en torno a la Regla Q son más acentuadas que nunca e incluyen multitud de problemas, de los cuales algunos escapan a nuestro estudio. Por ello, nos limitamos a señalar algunos argumentos a favor y en contra de la misma. A favor existe el argumento, sostenido por el Consejo de Gobernadores, de que es muy eficaz en la consecución de una política restrictiva[102]. Además, se sostiene que al eliminar la Regla Q las «saving and loan associations» y las cajas de ahorro no podrían competir en la captación del ahorro con las entidades de crédito más expertas, con repercusiones negativas en el mercado del crédito hipotecario, que recibe la mayor parte de sus capitales de las primeras instituciones. En su contra existe la argumentación clásica de que, al no permitir la libre fluctuación de los tipos de interés, obstaculiza el normal movimiento de los fondos en el mercado. Sostienen su total abolición, entre otros, aquellos economistas seguidores de la llamada «escuela de Chicago», del profesor Milton Friedman, que consideran que el principal deber

102 Con referencia a la actual situación, uno de los Gobernadores, Sherman Maisel, contesta así a los que piden la abolición de la Regla Q: «Si se quiere reducir la actividad económica rápidamente, la Regla Q es un instrumento de primera magnitud.» Véase BUSINES WEEK, «Loosening a Red Rein», pág. 72.

de la Reserva Federal es estabilizar la economía, actuando sobre la oferta monetaria y no sobre la estructura de los tipos de interés.

5) Con mayor amplitud merecen ser tratadas las relaciones entre certificados de depósito y euro-dólares, intensificadas en los últimos años.

Su importancia ha crecido mucho, tanto para las entidades de grandes dimensiones como para los reflejos en la política monetaria.

Ambos medios son pasivos para la entidad de crédito: los primeros se basan en la captación de fondos en el interior y están sujetos a la reglamentación sobre depósitos; los segundos absorben fondos del exterior y no están sujetos a limitaciones de este tipo. Los euro-dólares, además de esta notable ventaja, que contribuye a reducir la ya escasa diferencia entre los dos tipos de interés nominales, tienen un mercado dotado de un elevado grado de flexibilidad por el lado de la oferta, pues esta, real o potencial, procede de muchas partes y está geográficamente dispersa. Este factor permite a los bancos estadounidenses considerar a este mercado como una fuente adicional de medios mucho menos inestable que la de los certificados de depósito[103]. Algunas de las más importantes entidades de crédito han dado instrucciones a sus filiales de ultramar para que operen con regularidad en el mercado, con el fin de obtener la máxima ventaja del cambio de las circunstancias; además de las normales adquisiciones de euro-dólares a corto y muy corto plazo, a veces estas adquieren estos pasivos a más largo plazo, invirtiéndolos temporalmente en activos líquidos, manteniendo así un cojinete contra la eventualidad de que los tipos de interés en el interior aumenten, lo que hace que los certificados no sean competitivos[104].

Para la autoridad monetaria central, las relaciones entre estos dos medios de aprovisionamiento tienen especial interés por los diferentes efectos que producen en el volumen total de las reservas bancarias y, en consecuencia, de la moneda en circulación. Consideremos la situación actual, en la que la Reserva Federal intenta frenar el excesivo ritmo de la actividad económica mediante una política crediticia restrictiva. Como acabamos de ver, entre otros instrumentos, la permanencia de la Regla Q ha actuado en la dirección deseada, haciendo perder a las entidades de crédito casi 8.000 millones de dólares de certificados de depósito en pocos meses (más del 30 % del importe total en circulación a primeros de diciembre). También hemos visto que la utilización del

---

103 Además, el mercado del eurodólar, al reflejar condiciones económicas internacionales no necesariamente idénticas a las americanas, sino incluso contrarias, ofrece la oportunidad a los bancos estadounidenses de encontrar en el extranjero los medios no disponibles en el interior en los momentos de restricción crediticia.

104 Véase KLOPSTOCK, «Euro-Dollars in the Management of U. S. Banks», pág. 133.

mercado del euro-dólar ha permitido a los bancos más importantes compensar parcialmente la salida de certificados, aunque a un costo superior.

Surge entonces una pregunta: dicho mercado, ¿está en condiciones de reducir la eficacia de las directrices del poder público o bien este consigue mantener su poder sobre el sistema bancario? En otras palabras, ¿contiene este mercado una carga inflacionista para los Estados Unidos?

La respuesta es, en gran parte, negativa. Se puede apreciar, bien considerando una transacción en euro-dólares, bien considerando la llamada ecuación de las reservas bancarias. En lo referente al primer punto, basta con recordar la especial naturaleza de los euro-dólares (o de cualquier otra euro-moneda en relación con el país emisor): la de ser un depósito en dólares a nombre de extranjeros en una entidad americana, utilizado, por tanto, contemporáneamente dentro y fuera del sistema bancario americano. Cuando una entidad de crédito para hacer frente a la disminución de sus certificados de depósito solicita de su filial en Londres que adquiera un determinado importe de euro-dólares, inevitablemente otra entidad bancaria extranjera deberá directamente o de forma mediata renunciar a ellos, produciendo un correspondiente descenso en los depósitos de algún banco americano. Para el sistema en su conjunto no hay variaciones, salvo algunos efectos sobre el volumen de las reservas obligatorias, que pueden ser compensados por la Reserva Federal mediante la realización de operaciones de mercado abierto en sentido contrario[105].

---

105 Más exactamente, las cosas suceden así: el poseedor de un certificado de valor nominal 100 no lo renueva a su vencimiento porque en ese plazo otras inversiones se han hecho más rentables; por tanto, retira el certificado de depósito del banco A, transfiere temporalmente su importe a su cuenta a la vista y posteriormente adquiere, por ejemplo, pagarés comerciales (el vendedor del mismo depositará el cheque recibido en su banco B). En este momento la situación con respecto a las reservas obligatorias es la siguiente: el banco A puede reducir las reservas en 6 (porcentaje para los depósitos a plazo), el B tiene que aumentar las suyas en 17,5 (porcentaje para los depósitos a la vista).

El banco A desea compensar la pérdida del certificado de depósito mediante euro-dólares y pasa instrucciones en consecuencia a su filial de Londres. Una entidad extranjera está dispuesta a satisfacer la demanda de la filial del banco A y decide liquidar parte de sus bonos del Tesoro americanos. Al venderlos hace que alguna entidad de crédito americana (banco C) vea reducirse sus depósitos a la vista en 100. Por tanto, esta entidad puede liberar 17,5 de reserva.

Resumiendo, la única variación para el sistema bancario americano es la reducción de las reservas en 6; las otras dos se compensan, y también permanece la consistencia de los capitales (banco A: −100 de certificados de depósito, + 100 de euro-dólares; banco B: + 100 de depósitos a la vista; banco C: −100 de depósitos a la vista). Pero recuérdese que la citada reducción de reserva acciona, si no es «detenida» a tiempo por la autoridad central, el proceso multiplicador típico de todo sistema bancario basado en coeficientes de reserva «fraccionarios».

Indudablemente es correcto afirmar que por este camino el control de la autoridad monetaria se complica, aunque, en definitiva, no se reduce. Por ello, recientemente, se ha comenzado a hablar de coeficientes de reserva también para los euro-dólares[106].

La llamada ecuación de las reservas bancarias es una igualdad que recoge, por un lado, los factores que generan las reservas de los bancos miembros, y, por el otro, lo que las absorben. «Con el tiempo, los factores principales son: el crédito de la Reserva Federal, las reservas de oro monetario y la moneda de curso legal. Otros factores de menor importancia, con el tiempo, son: la moneda emitida por el Tesoro, las cuentas de depósito a la vista del Tesoro, las cuentas que los bancos no miembros tienen abiertas en los bancos que son miembros del Sistema de la Reserva Federal, las cuentas de extranjeros y de otros sujetos»[107]. Los euro-dólares podrían ir contra los efectos de una política restrictiva si influyesen significativamente en alguna de las partidas que integran la citada ecuación. Pero un examen analítico, factor por factor, nos demuestra que los euro-dólares no poseen esta facultad, salvo una excepción de carácter indirecto. Prescindiendo de los elementos de menor importancia, el único de los tres factores que puede verse alterado por la adquisición de dólares fuera de las entidades americanas es la reserva de oro monetario. Es este uno de los factores generadores de reservas: cuando los gobiernos y los bancos centrales de otros países venden oro (a cambio de dólares) al Tesoro de los Estados Unidos, la base monetaria se amplía y viceversa en el caso opuesto. Pero en la medida en la cual las adquisiciones de euro-dólares por filiales de ultramar de las entidades de crédito estadounidenses pueden reducir las disponibilidades de dólares de las mencionadas entidades oficiales extranjeras, se producen menores potenciales peticiones de conversión en oro, atenuando así la disminución de la base monetaria[108].

---

106 El Gobernador Brimmer, en un reciente y actual estudio (véase BRIMMEZ, «EuroDollar Flows and the Efficiency of U. S. Monetary Policy», págs. 15-21), aclara que la autoridad monetaria tiene poder legal para establecer esta regulación en el momento en que lo considere oportuno. Tras analizar los pros y los contra de la actual situación, el autor señala que, caso de aplicarse esta reglamentación, debería aplicarse solo a los euro-dólares efectivamente utilizados en los Estados Unidos y no a todos los que aparecen en las cuentas de las filiales de ultramar. Por último, hace una comparación entre euro-dólares y certificados de depósito, llegando a la conclusión de que si los primeros estuviesen sometidos a las reservas obligatorias, serían más costosos que los segundos, aunque no en la medida en que la actual diferencia parece señalar (pues el menor interés de los certificados de depósito refleja ya implícitamente el coste adicional de las reservas).

107 BOARD OF GOVERNORS, «Il Sistema della Riserva Federale», pág. 181. Sobre el tema, véase todo el Capítulo XII: «La ecuación de las reservas bancarias», págs. 181-194.

108 Una más extensa exposición de los efectos de los euro-dólares en la ecuación de las reservas bancarias escapa a los límites del presente ensayo. Un análisis más detallado

Por tanto, mientras que el mercado del euro-dólar no resta eficacia a una determinada política crediticia seguida por el banco central, si bien la hace de alguna manera más compleja, es cierto que tiene importantes efectos para cada una de las clases de entidades. Cada uno reacciona a la restricción monetaria, intentando no reducir sus créditos en curso, sino ajustando su situación de liquidez mediante la venta de títulos, la adquisición de fondos federales, el recurso al redescuento en los «Federal Reserve Banks» y así sucesivamente.

Para los once grandes bancos que actualmente toman a préstamo en el exterior aproximadamente el 98 % de todos los medios captados mediante las filiales de ultramar, este mercado les permite sustituir, de forma ordenada, parte de los certificados de depósito, sin incurrir en precipitadas liquidaciones de títulos en cartera con probables pérdidas de capital. El efecto de la política restrictiva queda reducido al mínimo, aunque a un costo algo elevado: probablemente por esta razón las adquisiciones de euro-dólares en el primer trimestre de 1969 fueron realmente importantes (más de 3.000 millones de dólares), aunque solo representaron la mitad de los certificados en circulación.

Dado que a través de este camino las mayores entidades de crédito consiguen reducir la presión crediticia, y, por otra parte, la Reserva Federal mantiene prácticamente inalterado su poder de control, se podría llegar a la conclusión de que los bancos más pequeños son los que soportan el mayor peso de la política restrictiva y, por tanto, que el mercado del euro-dólar influye de forma significativa y poco imparcial en la distribución de sus efectos.

Hay una parte de verdad en esta afirmación, aunque tiene la limitación —señalada por Bernstein[109]— de que las grandes entidades sienten antes y con mayor intensidad las repercusiones de la restricción monetaria, pues están más expuestas a la competencia de los tipos de interés. Efectivamente, son estas las que registran las mayores salidas de certificados, como consecuencia del mayor rendimiento de otros instrumentos del mercado monetario. Por tanto, en conclusión, es más correcto decir que el euro-dólar permite a las entidades de mayores dimensiones paliar la «mayor» incidencia que sobre las mismas tiene una política restrictiva[110].

---

puede verse en THE MORGAN GUARANTY SURVEY, «CD'S Euro-Dollars and Monetary Policy», págs. 4-8.

109 Véase BERNSTEIN, «Euro-Dollar Market and National Credit Policy», pág. 12.

110 Este punto de vista queda confirmado estadísticamente en el meticuloso análisis efectuado por el Gobernador Brimmer en el mencionado estudio (véase BRIMMER, obra citada, págs. 5-15 y Tablas 1-7) referente a los ajustes en los pasivos y en los activos realizados por los bancos en períodos de notable contracción de los certificados de depósito. Comparando los datos de diferentes grupos de entidades («weekly reporting banks», «al nonweekly

9. LA INFLUENCIA DE LOS CERTIFICADOS DE DEPÓSITO EN LA GESTIÓN BANCARIA

En los epígrafes anteriores, las frecuentes invocaciones a la gestión bancaria venían determinadas por la imposibilidad de escindir totalmente fenómenos que forman parte de una realidad unitaria. Expondremos ahora un análisis orgánico de la influencia que los certificados de depósito tienen en la actividad de las entidades de crédito, intentando recoger sus aspectos esenciales y menos contingentes. En otras palabras, prescindiremos —dentro de lo posible— de la historia de los acontecimientos pasados, limitándonos a los cambios producidos después de la introducción de los certificados. A este fin es conveniente recordar una observación que ya hemos hecho anteriormente: los certificados de depósito no han sido los únicos responsables de las modificaciones que vamos a estudiar, pero han contribuido —quizá en forma notable— a dar un nuevo curso a las directrices de política bancaria. Únicamente recordando que estos cobran todo su valor en el ámbito del proceso productivo en que se hallan inmersos, podremos valorar correctamente la aportación de los mismos a la consecución de determinados objetivos[111].

Ya hemos mencionado que el desarrollo de los certificados de depósito se ha manifestado en el seno de la tendencia general al aumento de los depósitos a plazo y de ahorro de la posguerra[112]. Por tanto, desde el lado de la estructura total de los depósitos, los certificados han acelerado el proceso ya en curso de disminución de la importancia cuantitativa de los depósitos a la vista sobre el total y, al mismo tiempo, han permitido al sistema bancario adquirir disponibilidades líquidas que con anterioridad se dirigían hacia otras formas de inversión a corto plazo.

---

reporting banks» y «11 major banks with London branches») se ha podido llegar a la conclusión de que:

— «Durante los períodos de restricción monetaria, los doce o más bancos del mercado monetario con sucursales en Londres experimentan un coeficiente de reducción en sus CD mayor que el experimentado por los restantes bancos en general.

— Sin embargo, estos mismos bancos redujeron progresivamente su confianza en las fuentes de fondos de los Estados Unidos con el fin de ajustar el descenso en los depósitos a plazo. En cambio, confiaron enormemente en el flujo de los eurodólares. Durante el período de restricción monetaria dicho flujo representó aproximadamente la tercera o la quinta parte de sus fuentes totales de fondos, en comparación con la décima parte durante los períodos de relativa holgura monetaria» (páginas 5 y 6).

111 Para una amplia y profunda exposición teórica sobre los problemas que los depósitos plantean a la economía de las entidades de crédito, véase DELL'AMORE, «Depositi», especialmente el capítulo dedicado a: «I depositi nella gestione bancaria», págs. 385-555.

112 Véase epígrafe 7.

En lo que se refiere a su influencia sobre otros aspectos de la gestión, los certificados de depósito han contribuido a producir las siguientes modificaciones:

1) aumento de los costes;

2) presión sobre los beneficios;

3) cambios cualitativos y cuantitativos en las operaciones activas;

4) nuevo planteamiento del problema de la liquidez.

Es fácil observar que estos cuatro puntos están íntimamente relacionados y que el examen separado de los mismos no quita nada a su interrelación.

Con referencia a los costes, la Tabla 7 ilustra claramente los cambios en los capítulos que nos interesan. Esta reproduce algunas series estadísticas que el Instituto Federal de Seguro sobre Depósitos publica anualmente en relación con las «insured banks», las cuales —como ya sabemos— detentan prácticamente la totalidad de los depósitos totales de los Estados Unidos. También otros datos que reflejan las variaciones totales en dólares (obtenidos de los Informes anuales del FDIC) son de especial relieve, y a estos prestaremos nuestra atención. Lo que queremos es poner de manifiesto la afirmación hecha en el primer punto: el interés pagado sobre los depósitos a plazo ha contribuido de forma determinante a elevar los costes bancarios y los certificados de depósito son uno de los factores que ha incidido en mayor medida en este aumento.

La creciente incidencia de los intereses pasivos sobre el total de los costes se debe a la mayor remuneración pagada por cada dólar depositado (causada a su vez —como ya hemos dicho en epígrafes anteriores— por las variaciones de la Regla Q, el aumento general de los tipos de interés a corto plazo y a la introducción de los certificados de depósito) y al aumento del volumen de los depósitos a plazo y de ahorro. Todos los datos estadísticos confirman dicha tendencia. Especialmente:

a) El coste total sostenido por intereses pasivos casi se ha duplicado desde 1956 (806 millones de dólares) a 1959 (1.580 millones), de 1959 a 1963 (3.464 millones) y de 1963 a 1967 (7.380 millones), superando a partir de 1963 al capítulo «sueldos y salarios» y convirtiéndose así en el gasto más importante para las entidades de crédito (véanse las líneas 6 y 7 de la Tabla 7).

b) La incidencia sobre los costes totales ha sido muy acentuada a partir de los años «sesenta»: dichos costes, que se mantuvieron en el período anterior sobre los 61-64 por cada 100 dólares de ingreso corriente, subieron hasta un 76 % en 1967 (renglón 5 de la Tabla). Y los intereses pasivos han sido los principales responsables de este aumento, representando una proporción creciente del ingreso corriente (16,7 en 1960, 33,9 en 1967, véase el renglón 7) y de los costes corrientes (25,8-44,6 en los mismos años, renglón 8).

c) En términos absolutos, el incremento de los gastos totales ha sido del 138 % desde 1960 a 1967 (6.933 millones y 16.554 millones, respectivamente), mientras que el de los intereses pasivos ha sido del 313 % (1.781 millones y 7.380 millones): de este modo han constituido el 58 % del primer aumento.

d) En lo que se refiere a los costes unitarios, estos han crecido constantemente, pero más acentuadamente a partir del primer retoque de la Regla Q en 1957 y después de la introducción de los certificados de depósito en 1961 (véase el renglón 15). El interés medio ponderado (es decir, considerando el vencimiento y el importe de cada depósito) por cada 100 dólares de depósitos a plazo fue en 1967 de 4,2 dólares. Aunque el FDIC no proporciona datos separados para los diferentes tipos de depósitos, se puede valorar indirectamente el notable peso que los certificados de depósito han tenido en la evolución de este coste, observando las modificaciones de la Regla Q[113]. A partir de 1957 el interés máximo sobre los depósitos de ahorro ha sido aumentado solo del 3 al 4 %, mientras que el de los depósitos a plazo ha sufrido diferentes modificaciones, hasta alcanzar un nivel uniforme del 5 ½ % a finales de 1965. Las posteriores enmiendas han introducido nuevas clasificaciones, con el resultado final de aumentar el límite permitido para los depósitos de importe superior a los 100.000 dólares y con vencimiento único, es decir, los certificados de depósito. Teniendo en cuenta que estos han sido con frecuencia emitidos por los bancos al tipo máximo o a uno muy cercano al máximo, y que especialmente en las entidades más grandes la cuota de depósitos en forma de certificados ha sido y es todavía elevada[114], se puede llegar a la conclusión de que los certificados han desempeñado un importante papel en el desarrollo de las tendencias que se analizan.

113 Véase Tabla I del epígrafe 2.

114 Véase, en lo referente a los tipos de interés, el Gráfico V, en el cual la marcha de las cotizaciones del mercado para los certificados de depósito refleja indudablemente los

TABLA 7

INGRESOS Y COSTES DE TODOS LOS BANCOS MIEMBROS DEL FDIC EN ALGUNOS AÑOS COMPRENDIDOS ENTRE 1950 Y 1967

(Relaciones en dólares)

PARTIDAS	1950	1955	1957	1960	1961	1962	1963	1964	1965	1966	1967
Importes por 100 $ de ingresos corrientes											
1) *Ingresos corrientes*	100	100	100	100	100	100	100	100	100	100	100
2) Intereses sobre títulos del gobierno federal	25,8	20,9	17,9	16,7	17,2	17,1	16,1	14,9	13,2	11,9	12,0
3) Intereses y dividendos s/otros títulos	5,7	5,5	5,1	5,4	5,7	6,2	6,8	7,2	7,6	7,9	8,7
4) Intereses y comisiones s/prestamos.	51,1	58,0	61,7	63,5	63,3	63,2	64,2	65,1	66,6	68,1	67,2
5) *Costes corrientes totales*	62,2	62,1	63,6	64,7	67,2	70,3	71,9	74,3	72,5	74,6	76,0
6) Sueldos y salarios	31,2	30,4	28,7	26,6	26,7	25,7	24,8	23,9	22,8	21,0	21,3
7) Intereses sobre depósitos a plazo y de ahorros	8,7	10,6	14,2	16,7	19,0	23,3	25,6	27,2	30,2	32,1	33,9
8) Intereses sobre depósitos a plazo y de ahorro en % del coste total (7: 5 x 100)	14,0	17,1	22,3	25,8	28,3	33,1	35,7	37,5	40,6	43,0	44,6
9) *Beneficio neto corriente*	37,8	37,9	36,4	35,3	32,8	29,7	28,1	27,5	25,7	25,4	24,0
Importe por 100 $ de capital total											
10) Beneficio neto corriente	13,5	16,5	17,7	19,0	17,1	16,0	15,6	15,6	15,0	16,0	15,9
11) Beneficio neto tras el pago de los impuestos	8,5	7,9	8,3	10,0	9,4	8,8	8,9	8,7	8,7	8,7	9,6
Relaciones especiales											
12) Ingreso obtenido con 100 $ de préstamo	4,3	4,9	5,4	6,0	5,9	6,0	6,0	5,9	6,0	6,3	6,5
13) Ingreso obtenido con 100 $ de títulos del gobierno federal	1,6	2,1	2,5	3,1	3,1	3,2	3,4	3,7	3,7	4,1	4,5
14) Ingreso obtenido con 100 $ de otros títulos	2,0	2,2	2,5	2,9	2,9	3,0	2,9	3,0	3,1	3,3	3,5
15) Interés pagado por 100 $ de depósitos a plazo y de ahorro	0,9	1,4	2,1	2,6	2,7	3,2	3,3	3,4	3,7	4,0	4,2

Fuente: FEDERAL DISCOUNT INSURANCE CORPORATION, «Annual Reports».

Dicho aumento de los costes de gestión, estimulado por la dimensión unitaria y total de los intereses pasivos, ha hecho que la consistencia de los depósitos y la rentabilidad de la empresa estén más relacionados que antes. Refiriéndonos al segundo punto, debemos

tipos de emisión; con referencia al porcentaje de los certificados de depósito sobre el total de los depósitos a plazo, para las «weekly reporting banks», véase Tabla 3, columna 9.

decir ante todo que los beneficios de una entidad de crédito dependen de tres factores: 1) el volumen de los depósitos; 2) su coste; 3) el tanto de rendimiento bruto obtenible con los mismos. Puesto que —como ya hemos visto— los dos primeros han crecido considerablemente, el problema ha consistido en el período que nos interesa en obtener una remuneración satisfactoria del dinero recogido a un precio creciente. En otras palabras, los bancos —y no solo estos— se han planteado la pregunta de si los depósitos a plazo seguían siendo ventajosos o si únicamente su volumen concurría a dilatar la amplitud de las operaciones, sin elevar al mismo tiempo también el beneficio unitario. Considerados aisladamente y en abstracto, dichos depósitos son susceptibles o no de serlo; en la práctica, las entidades de crédito se han preocupado de «hacerlos» económicamente rentables.

Efectivamente, la presión ejercida por los costes sobre la rentabilidad ha sido combatida eficazmente, logrando prevenir la erosión de los beneficios. Los bancos han conseguido hacer frente a esta situación en dos direcciones: en primer lugar, dirigiéndose hacia operaciones activas más atractivas; en segundo lugar, introduciendo innovaciones tecnológicas en el proceso productivo. Mientras que el primer punto se estudiará más ampliamente en este mismo epígrafe, con referencia al segundo podemos afirmar que la utilización de las computadoras se ha intensificado y que con toda probabilidad esta tendencia hacia la automación se incrementará en el futuro. El objetivo de proporcionar a la clientela una vasta gama de servicios, reduciendo simultáneamente los costes, es estimulado por el hecho de que la línea de separación entre las diferentes entidades que operan en el mercado del crédito no es precisamente clara: esto aumenta su intersustituibilidad e impone la adopción de medidas técnicas avanzadas, con el fin de mantener la competencia.

Como consecuencia de estas medidas, la rentabilidad de la gestión, en conjunto, no ha empeorado, como indican los siguientes datos estadísticos:

a) Desde 1960 a 1967, los ingresos corrientes han aumentado en poco más del doble (pasando de 10.724 millones de dólares a 21.782 millones), pero, dado que los costes han aumentado en un 138 %, el porcentaje de aumento de los beneficios netos ha sido algo inferior. Efectivamente, como se indica en el renglón 9 de la Tabla 7, estos han constituido desde 1960 una fracción cada vez menor de los ingresos, mientras que en los años «cincuenta» el valor era prácticamente estacionario.

b) Por cada 100 dólares de capital, el importe de los beneficios netos corrientes y los netos, previo pago de los impuestos, se indica en los renglones 10 y 11: el primero tuvo una marcha irregular hasta 1960, para luego disminuir hasta 1965, incrementándose en los dos últimos años; el segundo —cuya significación es indudablemente mayor— se ha mantenido en el curso de los años, a pesar del fuerte incremento de los gastos. En términos absolutos ha pasado de 2.003 millones en 1960 a 3.142 millones en 1967, testimoniando así que los fondos adicionales recogidos, incluso mediante la emisión de certificados, no solo han incrementado el volumen de operaciones, sino que también han aumentado la dimensión absoluta y relativa de los beneficios netos.

Para alcanzar esta meta han sido necesarios cambios cuantitativos y cualitativos en la actividad crediticia. Quizá sea conveniente recordar que estas modificaciones se han debido a una vasta gama de factores: entre los más importantes se pueden citar el progresivo aumento del tipo de interés sobre los depósitos a plazo y de ahorro, la competencia con otros intermediarios financieros e incluso con las empresas clientes[115], el mantenimiento de la demanda de crédito y las directrices de política monetaria seguida por la autoridad central. Las dificultades que ha habido que superar han sido de dos órdenes estrechamente interrelacionados: encontrar formas de utilización más rentables para el costoso dinero obtenido e introducir un nuevo equilibrio financiero —sostenido por nuevas teorías— para salvaguardar la liquidez.

Los cambios —como hemos dicho— se han producido tanto en el volumen como en la composición cualitativa de las operaciones de colocación. A ambos nos referiremos en las Tablas 8 y 9, en las que se indican algunos capítulos de activo, en valores absolutos y porcentuales (estos en dos sentidos: el incremento de cada partida en el tiempo y la posición relativa entre algunas de ellas en diferentes períodos), respectivamente.

En lo que se refiere al primer punto, se puede comprobar que los activos totales han sufrido desde 1960 a 1968 un incremento doble del registrado en la década anterior[116]. Con el fin de observar la magnitud de la relación entre este fenómeno y el aumento de los depósitos, consideremos lo siguiente: durante B los depósitos a plazo y de ahorro aumentaron en 93.000 millones «más» del aumento registrado en los años «cincuenta». Puesto que en 1968 el importe de los activos totales era de 501.900 millones, se puede afirmar que un quinto o un sexto de dicha suma habría permanecido fuera del sistema bancario si las variaciones de la Regla Q y la introducción de los certificados de depósito (principales responsables «inmediatos» del mayor aumento)

115 Recuérdese la mención hecha al «segundo sistema bancario» en el epígrafe 3.

116 Ya que recurriremos con frecuencia a los intervalos de tiempo 1950-1960 y 1960-1968 al exponer las operaciones activas, llamaremos A y B, respectivamente, a estos dos períodos consecutivos.

no se hubiesen producido. En concreto, los certificados de depósito han representado más del 25 % de la aportación en cuestión[117].

En cuanto al segundo punto, hay que analizar dos hechos: las relaciones entre prestamos e inversiones totales en títulos y las modificaciones producidas en el seno de cada grupo. Con referencia al primero de ellos, el aumento en prestamos ha sido muy superior al de la inversión en títulos, aunque también es verdad que durante B la diferencia entre ambos porcentajes anuales de aumento ha sido con mucho menor (véase Tabla 9). Por tanto, se han alterado en el tiempo las posiciones relativas entre las dos cantidades: los prestamos han pasado del 41 % en 1950 al 59 % en 1960 y al 66 % en 1968, mientras que las inversiones en títulos han disminuido desde el 59 al 41 y al 34 %.

Es fácil explicar cuáles son las fuerzas que han actuado en esta transformación aún en curso: el considerable volumen de títulos en cartera durante los años de la segunda guerra mundial y de la inmediata posguerra —consecuencia de la recesión de la actividad económica después de la crisis de 1929-1933 y del importante déficit presupuestario necesario para la financiación de los gastos bélicos— fue poco a poco liquidado para hacer frente a la consistente y más atractiva demanda de crédito surgida en los últimos quince años. A ello ha contribuido también la elevación del costo de los medios financieros. De este modo los bancos han vuelto a tener la mayor parte de su activo invertido en operaciones de préstamo, como había sucedido en el siglo pasado y en las tres primeras décadas del presente siglo. Pero con una diferencia fundamental: como veremos en breve, los prestamos «comerciales», es decir, los concedidos a corto plazo para satisfacer necesidades corrientes de la actividad productiva, no son ya la partida predominante, sino que, por el contrario, se ven complementados por otras importantes modalidades.

Esta constatación nos permite pasar a considerar las variaciones experimentadas en la composición de los préstamos y de las inversiones en títulos. Observando a los primeros, notamos que tres categorías —crédito al consumo, el hipotecario y el a medio plazo para el comercio, la industria y la agricultura— han entrado de manera estable en la composición, con un elevado importe, de la cartera bancaria. Estas entidades, al estar en competencia con otras instituciones financieras especializadas, han demostrado que no son insensibles a una demanda fuerte, aunque tradicionalmente alejada de su campo de actividad, y que desean satisfacer una parte importante de la misma. Los motivos han sido sobradamente válidos:

117 Naturalmente, estos deben gran parte de su éxito a los aumentos de la Regla Q. Si consideramos solo los «weekly reporting banks», el porcentaje atribuible a los certificados sería mayor: alrededor del 40 %. Véase Tabla 3.

en primer lugar, estas formas de crédito proporcionan un interés superior, capaz de compensar el elevado coste de los medios obtenido con los depósitos de ahorro y a plazo; en segundo lugar, no son un factor tan rígido para la gestión como a primera vista podría pensarse, pues la técnica de la amortización a plazos, aplicada a la mayoría, hace afluir periódicamente disponibilidades monetarias conservando cierto sincronismo con las entradas y las salidas financieras. Después de estos incrementos, la fracción de ingresos corrientes derivada del interés de los prestamos ha aumentado desde el 51,1 % en 1950 al 67,2 % en 1967 (véase el renglón 4 de la Tabla 7), mientras que en el mismo período el ingreso unitario ha pasado del 4,3 al 6,5 (renglón 12).

TABLA 8

PRINCIPALES COMPONENTES DEL ACTIVO DEL BALANCE DE TODOS LOS BANCOS COMERCIALES EN ALGUNOS AÑOS. ENTRE 1950 Y 1968

(Datos de final de año en miles de millones de dólares)

PARTIDAS	1950	1955	1960	1961	1962	1963	1964	1965	1966	1967	1968
1) Total activos	168,9	210,7	257,6	278,6	297,1	312,8	346,3	377,3	403,4	451,0	501,9
2) Total prestamos e inversiones	124,9	155,3	199,6	215,4	235,8	254,2	277,4	306,1	323,9	361,2	402,5
3) Total prestamos	51,7	75,2	117,6	124,9	140,1	156,0	175,6	201,7	218,9	237,2	266,4
4) Prestamos al comercio, industria y agricultura	24,6	33,3	48,8	51,4	55,8	60,4	67,7	79,6	89,2	97,7	108,2
5) Préstamos hipotecarios	13,4	19,8	28,7	30,3	34,3	39,1	43,7	49,3	53,6	58,5	65,1
6) Préstamos al consumo	7,4	13,2	20,6	21,4	23,7	27,2	31,0	35,8	38,3	40,0	44,9
7) Total inversión en títulos	73,2	80,1	81,8	90,5	95,7	98,2	101,8	104,4	105,0	124,0	136,1
8) Inversión en títulos del gobierno federal	61,0	63,3	61,0	66,6	66,4	63,2	63,0	59,5	56,2	62,5	64,5
9) Inversión en títulos de las administraciones locales	7,9	12,8	17,6	20,3	24,8	29,8	33,6	38,7	41,0	50,0	58,6
10) Inversiones en otros títulos	4,3	4,1	3,2	3,6	4,5	5,2	5,2	5,2	7,8	11,5	13,0

Fuente: BOARD OF GOVERNORS OF THE FEDERAL RESERVE SYSTEM, «Bulletins».

TABLA 9

INCREMENTOS PORCENTUALES Y POSICIONES RELATIVAS DE LAS PRINCIPALES CUENTAS DEL ACTIVO Y DE LOS DEPÓSITOS A PLAZO DE TODOS LOS BANCOS COMERCIALES

a) *Incrementos porcentuales*

PARTIDAS	1960 sobre 1950		1968 sobre 1960	
	Totales	Medias anuales	Totales	Medias anuales
Total activos	52	5,2	95	11,9
Depósitos a plazo y de ahorro	99	9,9	176	22,0
Total prestamos	127	12,7	127	15,9
Prestamos al comercio, industria y agricultura	98	9,8	122	15,3
Préstamos hipotecarios	144	14,4	127	15,9
Préstamos al consumo	179	17,9	118	14,8
Total inversión en títulos	12	1,2	66	8,3
Inversiones en títulos del gobierno federal	0	0	6	0,8
Inversiones en títulos de las administraciones locales	121	12,1	233	29,1
Inversiones en otros títulos	– 27	– 2,7	306	38,3

b) *Posiciones relativas*

PARTIDAS	1950	1960	1968
Prestamos e inversiones en títulos	100	100	100
Prestamos	41	59	66
Inversiones en títulos	59	41	34
Prestamos[118]	100	100	100
Prestamos al comercio, industria y agricultura	48	41	41
Préstamos hipotecarios	26	24	24
Préstamos al consumo	14	17	17
Inversiones en títulos	100	100	100
Inversiones en títulos del gobierno federal	83	75	47
Inversiones en títulos de las administraciones locales	11	21	43
Inversiones en otros títulos	6	4	10

Fuente: Datos de la tabla 8 (excepto el correspondiente a los depósitos, obtenido de la tabla 3).

118 La suma de las tres partidas de préstamos no es igual a 100, por existir otros tipos de préstamo.

El crédito al consumo «incluye todos los préstamos concedidos a los consumidores directos de todas las clases sociales, sea cual sea su vencimiento y la forma técnica que adopten»[119], el crédito a plazo se refiere preferentemente a la venta de bienes duraderos. En la posguerra el porcentaje suministrado por los bancos ha sido muy alto: 34 % en 1950, 39 % en 1968. La fracción de fondos utilizada para este tipo de crédito ha sufrido un considerable aumento, para mantener la proporción con el total. Significación especial tiene el hecho de que durante B las entidades de crédito han invertido en este sector del mercado más de 24.000 millones de nuevos dólares obtenidos. Pero tendríamos una visión parcial del problema si únicamente consideráramos la actividad «directa», pues hay que añadir los prestamos que los bancos conceden a las sociedades de financiación de ventas a plazo, a los grandes almacenes y a otras unidades de venta al detal. De este modo, la parte por los bancos detentada asciende a casi la mitad de todo el crédito al consumo en circulación[120].

También respecto al crédito hipotecario, la actitud de los bancos ha variado en el transcurso del tiempo. El desarrollo de los depósitos a plazo y de ahorro, la presión ejercida por estos sobre los beneficios, las vastas innovaciones jurídicas en el campo de los derechos reales de garantía y el proceso de la amortización son algunos de los factores que han contribuido a la modificación en cuestión, animando a las entidades de crédito a entrar en un mercado de enormes proporciones (para darse una idea, a finales de 1968 —con 397.000 millones de dólares— era ligeramente inferior al total de los depósitos). El desarrollo de estos créditos, ya elevado en A, continuó con mayor intensidad en B, con un incremento igual en porcentaje al del total de los créditos (véase Tabla 9). Con los 36.000 millones de nuevos dólares invertidos en esta forma desde 1960 a 1968, los bancos han podido mantener un cuarto de todos sus créditos en forma de créditos hipotecarios acaparando aproximadamente la sexta parte del mercado[121]. La utilización de elevadas sumas en estas y en otras operaciones a largo plazo ha favorecido, entre otras, a comienzos

119 Véase DELL'AMORE, «Prestid», pág. 346.

120 Para estas estadísticas véase, en «Federal Reserve Bulletin», las tablas dedicadas al «consumer credit» («total credit», «instalment credit», «Instalment credit held by commercial banks», «nonistalment credit»).

121 En el crédito hipotecario, al contrario de lo que sucede con el crédito al consumo, otras instituciones financieras detentan cuotas mayores: principalmente las «savings and loan associations» (30%) y las compañías de seguros de vida (19%). Siguen los bancos, con el 17%; cajas de ahorro, con el 14 %. El restante 20 % está en manos de agencias del gobierno federal y del público (los porcentajes referidos son de finales de 1967). Entre las diferentes categorías de crédito hipotecario, la de mayor importancia es la financiación para vivienda. Véanse en «Federal Reserva Bulletins» las estadísticas del «real state credit».

de los años «sesenta», la «Operation Twist», llevada a cabo por los poderes públicos[122].

Los «term loans», es decir, los préstamos al comercio, industria y agricultura con vencimiento superior a los doce meses, no son objeto de estadísticas separadas, por lo que resulta difícil poder deducir conclusiones seguras sobre su marcha. No obstante, algunas investigaciones realizadas de forma irregular en los «member banks» revelan que estos constituyeron durante A aproximadamente la tercera parte del total de todos los créditos «comerciales» y que en años más recientes dicha fracción se ha acercado al 50 %[123]. Añádase además que una parte de los prestamos con vencimiento inicial inferior al año es renovada una o varias veces, contribuyendo así a elevar este porcentaje. Por este camino la totalidad de los préstamos al comercio, a la industria y a la agricultura ha podido demostrar durante B una tasa muy superior a la de A.

Volviendo a las inversiones en títulos, examinemos brevemente las tres categorías en las que estos se clasifican: obligaciones del gobierno federal, títulos de las administraciones locales, otros títulos. En este sector de la cartera bancaria los cambios han sido más profundos que en el sector de los préstamos. Es conveniente comenzar por los títulos de las administraciones locales («State and local governments securities» también llamados «municipales»), pues su desarrollo, sin precedentes, ha estado directamente vinculado con el aumento de los depósitos a plazo. Demos algunos datos: mientras que en A los bancos invirtieron en estos algo menos de 10.000 millones, en los solo ocho años de B, dicho importe se ha más que triplicado, alcanzando la cifra de 58.600 millones. La tasa de incremento anual ha pasado del 12,1 al 29,1 %, haciendo que las «municipales» representasen el 43 % de la cartera de títulos a finales de 1968. Quizá más importancia tenga el que mientras que en A los bancos suscribieron la tercera parte de las nuevas emisiones, sus adquisiciones en B absorbieron entre la mitad y las tres cuartas partes del total.

La explicación de este hecho radica en que el interés de estas obligaciones está exento del impuesto federal sobre el interés, lo cual hace que su rendimiento neto sea muy superior al de los títulos del gobierno federal[124]. Este factor ha tenido notable influencia en

122 Véase epígrafe 8.

123 Desde hace poco tiempo la Reserva Federal publica datos sobre los «term loans» de las principales entidades de crédito. De estos se puede obtener una estimación aproximada del importe de estos préstamos, que confirma lo indicado en el texto. Véase, por ejemplo, con referencia a la situación de diciembre de 1968, «Federal Reserve Bulletin», enero 1969, pág. A 30.

124 Una idea del rendimiento efectivo de estas obligaciones se obtiene considerando, para los individuos, su renta total y la posición familiar. Por ejemplo, para un nivel de renta

el hecho de que se invirtieran tan importantes sumas en pasivos bancarios a largo plazo, en un período en el que el crecimiento del coste de las sumas obtenidas colocó en primer plano la consideración del rendimiento. Tampoco la liquidez se ha visto comprometida, pues los depósitos a plazo y de ahorro presentan un grado de inestabilidad menor que el de los depósitos a la vista[125].

Directa consecuencia de estos hechos ha sido la marcha casi estacionaria desde 1950 a 1968 de las obligaciones del gobierno federal, las cuales han visto reducirse sensiblemente su participación en el total de la cartera de títulos (83 % en 1950, 47 % en 1968). El que su porcentaje siga siendo elevado no depende del rendimiento nominal simplemente, sino de la certeza de poder convertir estos títulos en dinero —cuando las circunstancias lo requieran— a un precio muy cercano al de compra, y la posibilidad de tener en cartera títulos muy seguros incluso en períodos de limitada demanda de créditos. No hay que olvidar además que aproximadamente la mitad de dichas obligaciones son a corto plazo y que, por tanto, desarrollan un importante papel en los reajustes de la liquidez. Aunque su interés unitario ha crecido considerablemente en el tiempo (Tabla 7, renglón 13), el volumen estacionario adquirido ha hecho que en 1967 solo 12 dólares de cada 100 de ingreso corriente puede imputarse a estos, frente a los 25,8 de 1950 y a los 16,7 de 1960 (renglón 2).

En cuanto a los otros títulos, baste decir que su desarrollo ha sido espectacular en B, pero que al mismo tiempo únicamente les ha permitido llegar al 10 % de toda la cartera de títulos.

La breve exposición que hemos hecho de las principales partidas del activo bancario ha señalado las modificaciones que se han producido en los últimos años. El desplazamiento hacia formas de utilización más rentables y a más largo plazo ha frenado la erosión de los beneficios debida a la obtención de fondos más costosos. Además de contribuir a las variaciones en cuestión de forma sensible, los certificados de depósito han suscitado problemas muy especiales. ¿Desempeñan estos el mismo papel en los bancos medios y en los grandes? ¿En qué proporción tienen que estar con los depósitos totales para no incurrir en riesgo de insolvencia?

---

de 100.000 dólares para una persona casada (y 50.000 si no lo está), se necesita un rendimiento del 15,72 % sujeto a imposición para igualar al 5 % exento. En cambio, para las empresas (y también para las entidades de crédito), a las que se aplica el «corporate income tax» fijo, el beneficio es casi del 100 %; es decir, en otras palabras, poseer un título de las administraciones locales al 5 % equivale aproximadamente a tener una obligación normal que rinda el 10 %.

Por esta razón la comparación de los tipos de interés indicados en los renglones 13 y 14 de la Tabla 7 es muy poco significativa.

125 Véanse más adelante, en este mismo epígrafe, las limitaciones a dicha afirmación.

Contestando a la primera pregunta, se puede decir que los bancos más grandes los utilizan más ampliamente. Estos, en general, invierten los certificados de depósito de múltiples formas, especialmente en prestamos cuando la demanda de crédito es elevada. A diferencia de otros instrumentos del mercado, los certificados de depósito influyen en las reservas bancarias y pueden contribuir a adecuarlas a la situación presente y prevista. El medio utilizado para obtener los ajustes deseados por las mayores entidades es el de la variación de los tipos de emisión: dada la estabilidad de las condiciones de oferta, incluso pequeños retoques pueden determinar una sensible afluencia o salida de fondos, siempre que los límites impuestos por la Regla Q concedan suficiente terreno para estas maniobras (lo cual, como hemos visto, no siempre ha sucedido). Por su parte, los bancos más pequeños prefieren colocar los fondos obtenidos mediante los certificados de depósito en títulos de las administraciones locales y solo una mínima parte de los mismos en préstamos. Ello se debe a que piensan que una falta de renovación de los certificados les produciría dificultades para una rápida y conveniente liquidación de las sumas invertidas. Además, estos bancos no están en condiciones de utilizar el precio de emisión como medio de ajuste.

En cuanto a la segunda pregunta, entramos en la amplia problemática del correcto uso de los certificados de depósito en el ámbito de la restante actividad. El problema fundamental de gestión puede expresarse así: al ser los certificados una fuente de fondos muy onerosa, solo conviene atraerlos cuando se sepan invertir convenientemente. La experiencia nos demuestra que algunas entidades no han respetado esta norma. La proporción de los certificados de depósito sobre el total de los depósitos varía, naturalmente, para cada banco y, para un mismo banco, en el tiempo. De la Tabla 3 se deduce que en los últimos años la citada relación se ha fijado, para las «weekly reporting banks», en un 10 % y en el doble de la misma si ponemos en el denominador los depósitos a plazo y de ahorro. Pero existen sensibles diferencias según las dimensiones de la entidad emisora: generalmente los bancos menores mantienen una proporción más reducida y estable en el tiempo, mientras que las mayores, clasificadas entre las «prime» y que operan en importantes centros financieros, presentan un porcentaje más elevado y más sujeto a variaciones[126].

126 Los resultados de algunas investigaciones hechas por la Reserva Federal para los años 1964-1966 (indicadas en WILLIS, «Secondary Market for CD's», pág. 29) señalan que para la muestra de bancos con un volumen de depósitos totales situado entre 100 y 1.000 millones de dólares la relación oscilaba entre el 4 y el 8 %; en el grupo de bancos con más de 1.000 millones de dólares de depósitos los porcentajes eran: 12-18 % para los «prime banks» de Nueva York; 8-10 % para los de fuera, y 8-11 % para los «non prime».

En la práctica, cada entidad establece unos límites más o menos flexibles a la captación de certificados de depósito, expresándolos en dólares o como una relación con los depósitos totales. Dichos límites se revisan cada vez que las circunstancias lo exigen: admitiendo que una entidad está en condiciones de regular, mediante el tipo de interés, el flujo de certificados en la dirección deseada, es evidente que el factor que determina los citados cambios es, en último extremo, la perspectiva de poder invertir con beneficio. Volvemos así al problema base de los certificados de depósito y, en general, de todas las fuentes de obtención de fondos.

La no observancia de las más elementales normas de prudencia ha llevado ya en algunas ocasiones a quiebras íntimamente ligadas a abusos en la emisión de certificados. Los bancos en cuestión tenían las siguientes características comunes: excesivo porcentaje de depósitos en forma de certificados, elevado coste unitario y total de los fondos recogidos; oferta fuera del área tradicional de negocios; ausencia «ex ante» de adecuada posibilidad de inversión[127]. Considerado aisladamente un importe elevado de certificados de depósito no puede producir efectos negativos; lo que hace peligrosos a los certificados de depósitos para una buena gestión es su utilización indiscriminada. El problema pasa del pasivo al activo: el dinero obtenido con este instrumento no puede permanecer ocioso y se invierte, por tanto, en créditos de dudosa calidad, muy arriesgados, y en títulos a largo plazo, no fáciles de realizar[128].

En las páginas anteriores hemos analizado la influencia de los certificados de depósito en los costes, en los beneficios y en las operaciones activas. Pasamos ahora al cuarto punto, es decir, a sus implicaciones en el problema de la liquidez, comenzando con una breve exposición de las soluciones dadas a través del tiempo por los bancos[129].

A la pregunta «¿cómo puede una entidad de crédito satisfacer sus necesidades de liquidez?», se puede contestar de múltiples

127 Dos casos de estos son el de la «San Francisco National Bank» (California) y el del «Brighton National Bank» (Colorado), que quebraron ambos en 1964. En el primero los certificados representaban aproximadamente el 50 % de todos los depósitos, en el segundo llegaban al 75 %. Para más detalles véase TREADWAY, «Negotiable Certificate of Deposit», págs. 91-94.

128 La estrecha relación entre certificados de depósito y operaciones de crédito es expuesta así por William McChesney Martin, Presidente del Consejo de Gobernadores de la Reserva Federal: «En la mayoría de los casos en que se ha abusado de los CD, dicha práctica ha sido sintomática de una mala gestión bancaria. En otras palabras, el banco con problemas de CD tiene normalmente otros problemas, incluso una mala gestión de los créditos» (véase MARTIN, «Statement before the Committes on Government Operation», pág. 6).

129 Una más amplia exposición de las doctrinas sintetizadas en el texto puede encontrarse en RITTER, «Bank Liquidability», págs. 12-18.

maneras. Hace dos siglos se elaboró en Inglaterra la llamada «teoría de los préstamos comerciales» («commercial loan theory», conocida también como «real bills doctrine»), que aún tiene cierta influencia en el planteamiento del problema en cuestión. Según esta, la liquidez únicamente se salvaguarda si el banco invierte el dinero obtenido, del que la mayor parte es reembolsable a la vista, en créditos a corto plazo autoliquidables. Esta última palabra significa que el prestatario, se supone, puede tener fondos para pagar el crédito, precisamente mediante la liquidación de la transacción mercantil para la que se concedió el préstamo.

Durante poco tiempo los bancos siguieron este planteamiento, criticable tanto en el plano práctico como en el teórico. Si estos desean competir con otros intermediarios financieros tienen que satisfacer la demanda de crédito del público, la cual —como hemos visto— ha disminuido, en las últimas décadas, en el sector a corto plazo y crecido en el sector del crédito hipotecario, al consumo y a vencimiento medio. Además, desde un plano teórico, la «real bills doctrine» presenta dos defectos: *a)* ningún crédito es autoliquidable (si el comerciante que ha obtenido un crédito para adquirir una mercancía no consigue vender esta con un elevado margen, el crédito no puede ser reembolsado con el beneficio de la operación); *b)* un crédito considerado altamente líquido por un banquero, puede no serlo desde el punto de vista del sistema bancario en conjunto, pues su reembolso puede exigir otra financiación.

Debido a estas críticas, la teoría de los préstamos comerciales es reemplazada por otras opiniones más realistas. En primer lugar prevaleció la teoría de la transferibilidad («shiftability theory»), según la cual la mejor manera de defender la liquidez es disponer de activos fácilmente realizables en caso de necesidad. En tiempos normales, efectivamente, el problema no reside tanto en tener prestamos de vencimiento más o menos breve, sino en la efectiva posibilidad de obtener ayuda de otros cuando surge la necesidad. De este modo la inversión se dirige preferentemente a los títulos más que a los prestamos, No debe sorprendernos el que estas ideas se desarrollaran en el período interbélico, cuando aparecieron en el mercado títulos adecuados a este fin. Los bonos del Tesoro, introducidos a finales de los años «veinte» y otros instrumentos a corto plazo se convirtieron en la parte fundamental de las reservas. La doctrina de la transferibilidad encierra el mismo error que la examinada anteriormente: únicamente es válida si uno o dos bancos se dirigen al mercado en busca de liquidez, pero no funciona para el sistema bancario globalmente considerado (a menos que la Reserva Federal no adquiera todos los títulos ofrecidos).

Debido a cambios en la actividad práctica, una nueva idea se abrió paso añadiéndose a la teoría de la transferibilidad. La doctrina del beneficio previsto («doctrine of anticipated income») volvió a los prestamos como principal fuente de liquidez, a causa del aumento de las financiaciones a medio plazo de la segunda posguerra. Ya que estos préstamos no eran ni a corto plazo (como señalaba la «real bills doctrine») ni fácilmente transferibles (en el sentido indicado por la «shiftability theory»), se imponía una nueva justificación. Este es el razonamiento: mientras que ningún préstamo es, aisladamente, autoliquidable, todas las deudas de una determinada empresa son pagadas, en una forma u otra, por su futuro beneficio, derivado de múltiples fuentes, algunas de las cuales están lejanamente relacionadas con la operación que originó la deuda. Por tanto, no existen notables diferencias entre los préstamos a medio y largo plazo y los «comerciales» en lo que se refiere a la forma de devolución. Se objeta que la teoría del beneficio previsto proporciona a la entidad financiadora un criterio para juzgar la habilidad del deudor para pagar su deuda en un determinado intervalo de tiempo, pero no tiene directas relaciones con la forma y medios que utilizará el deudor para la liquidación de la deuda. Por ello esta teoría debe complementarse con la doctrina de la transferibilidad. El hecho de que los préstamos hipotecarios, al consumo y a medio plazo contribuyan efectivamente a proporcionar liquidez se debe a la técnica del pago en plazos y no a la explicación dada por la teoría del beneficio previsto.

Todos estos planteamientos tienen un principio común: buscar las fuentes de liquidez en las partidas del activo del estado patrimonial, sean estas inversiones en títulos o prestamos. La aportación fundamental de los años «sesenta» ha sido el concepto de «liability management» opuesto (o complementario) al de «asset management». Con creciente frecuencia los bancos han recurrido a los pasivos para incrementar de forma duradera sus operaciones. En vez de considerar la estructura de los depósitos como un dato fijo, adecuando a esta la estructura de las inversiones, se pensó que el planteamiento contrario podía dar una mayor flexibilidad, tomando como un dato fijo el «desarrollo» del activo y adecuando convenientemente el volumen y composición de las operaciones pasivas.

Para alcanzar este fin, había que considerar nuevas iniciativas, principalmente la de no esperar pasivamente el flujo de los depósitos, sino atraerlos mediante adecuados estímulos. La variación de la Regla Q de 1957 abrió el camino a esta evolución, produciendo el comienzo del rápido crecimiento de los depósitos a plazo y de ahorro antes citado[130]. Inmediato éxito tuvo la decisión de emitir los certificados de depósito en 1961, con los cuales se encontró un medio especialmente eficaz para atraer en la medida deseada los fondos

130 Véase epígrafe 7.

necesarios para satisfacer la demanda de crédito a medio plazo. El puesto por estos ocupado en el ámbito del planteamiento de «liability management» ha sido con mucho el más importante, como confirma su posterior desarrollo. Es más, tan cierta es esta afirmación que la excesiva confianza depositada en estos instrumentos ha sido causa de dificultades y temores en determinados períodos, como veremos en breve.

Los certificados de depósito son la innovación más lograda, pero no la única. Los bancos han encontrado otras fórmulas para obtener fondos y esta búsqueda seguramente continuará en el futuro, cuando otras necesidades financieras requieran nuevos medios que respondan en cada caso a las incesantes transformaciones del proceso productivo. Entre los instrumentos ya utilizados podemos recordar los pagarés a corto plazo («short-term promissory notes») y las obligaciones a largo plazo subordinadas («long term subordinated capital debentures»). Los primeros son letras de cambio emitidas por los bancos, no aseguradas, negociables, de elevado importe, cuyo tipo de interés es comparable al de los certificados de depósito y de los efectos de las sociedades comerciales. Introducidos en septiembre de 1965 por el «First National Bank» de Boston con el fin de atraer fondos a menos de noventa días (para los cuales los certificados eran invendibles debido al límite del 1 % sobre estos depósitos), parecían estar destinados a tener gran éxito, pues no estaban sometidos ni a las reservas obligatorias ni a la Regla Q. Pero su fácil existencia no duró mucho tiempo, pues dos años más tarde la Reserva Federal los incluyó en la categoría de los depósitos, con todas las consecuencias que esto implica[131]. Además, los bancos de Nueva York no fueron autorizados nunca por la legislación del Estado a emitir estos pagarés. En cuanto a las obligaciones, se caracterizan por el hecho de que el derecho a su reembolso está subordinado al de los depositantes y al de los otros acreedores. Esto significa que en caso de quiebra del banco, los poseedores de estos títulos no reciben nada mientras no hayan sido satisfechos los otros dos grupos de acreedores. Mediante esta fuente, los bancos han recibido ya más de 2.000 millones de dólares.

Otras dos importantes fuentes de liquidez que se utilizan ya de modo importante y que están incluidas en el pasivo, son los euro-dólares, de los que hemos hablado en el epígrafe anterior, y los llamados fondos federales, que son depósitos que hacen los Bancos en la Reserva Federal. Normalmente son adquiridos por un día por aquellos bancos que necesitan llevar sus reservas al límite obligado. No obstante, en los últimos años, algunos bancos han considerado este mercado como una fuente permanente de ingresos. La operación se desarrolla de la

131 Véase FEDERAL RESERVE BULLETIN, julio 1966, pág. 963.

siguiente manera: el banco solicitante recibe de otro banco miembro del sistema, que tiene en ese momento unas reservas superiores a las mínimas exigidas, un cheque emitido sobre el «Federal Reserve Bank» inmediatamente acreditado. El banco que ha hecho el préstamo recibe del otro un cheque por el importe del capital más el interés, el cual es compensado al día siguiente. Se trata, de hecho, de un préstamo de veinticuatro horas[132].

El concepto de «liability management», del que acabamos de ver los principales instrumentos, es aplicado de diferentes maneras y repercute sensiblemente en el sistema bancario. Las entidades más pequeñas encuentran grandes dificultades en obtener fondos fuera de la circunscrita área geográfica en que operan, mientras que las mayores, gracias a su nombre y a la venta de los certificados, consiguen llegar a los inversores dispersos en todo el territorio nacional e incluso más allá. Por ello el nuevo planteamiento (de modo especial los certificados de depósito) favorece el crecimiento acelerado de los grandes bancos, lo que aumenta la disparidad entre las dimensiones de las entidades de crédito que actúan en el sistema.

La afortunada búsqueda de medios adicionales de liquidez, especialmente válida para las entidades mayores, parecía abrirles la posibilidad de hacer frente a la creciente demanda de préstamos con cierta tranquilidad: podían atraerse fondos en la cantidad deseada mediante variaciones del tipo de interés. Los certificados de depósito eran un instrumento ideal para este fin. Pero la experiencia del otoño de 1966 y la de los posteriores acontecimientos (diciembre de 1968-primeros meses de 1969) debían poner en duda estos planteamientos y proporcionar las siguientes enseñanzas:

a) si la Reserva Federal está firmemente decidida a reducir la liquidez del sistema, antes o después todas las entidades de crédito experimentarán los efectos de esta política;

b) confiar excesivamente en una sola fuente de obtención de liquidez puede acarrear graves problemas cuando la autoridad central quiera bloquearla. La masiva no renovación de los certificados de depósito en los dos períodos citados ha confirmado el hecho de que es necesario tener una cartera fácilmente convertible o bien hay que tener la posibilidad de recurrir a otros medios (eurodólares, en algunos casos) si se quieren evitar inconvenientes económicos y financieros;

c) directamente ligada al punto anterior está la conclusión de que ni las teorías del «asset management», ni la de la «liability

---

132 El desarrollo de los fondos federales ha sido notable en los últimos años. Un estudio muy detallado sobre el tema es el de Willis, «Federal Funds Market», el cual da también una amplia bibliografía.

management» pueden, por sí solas, resolver el problema de la liquidez: cada entidad debe encontrar en una combinación de ambas el equilibrio impuesto por la marcha de la gestión, eligiendo en cada caso, de entre las alternativas posibles, las que posean un coste y un riesgo más soportables.

Por tanto, hemos visto que los certificados de depósito son para los bancos un nuevo medio de ajuste de la situación de liquidez, complementario de las tradicionales reservas secundarias[133 134]. ¿Pero en qué medida pueden ser utilizados para este fin? En otras palabras, ¿qué grado de disponibilidad ofrecen? Este último «señala los límites a la utilización por los bancos de los depósitos en las operaciones de inversión sin comprometer su propio equilibrio financiero» y se determina clasificando a los depósitos según diferentes criterios estáticos y dinámicos[135]. Los certificados de depósito no presentan especiales dificultades para separarlos de los restantes depósitos, pues estos vienen representados por un documento. Las dificultades surgen cuando se intenta valorar su naturaleza real.

---

133 Es conveniente recordar que en la terminología americana las reservas de liquidez se dividen en primarias y secundarias. Las «primary reserves», a su vez, incluyen dos subclases: *a)* las «required or legal reserves», que son el dinero que el banco tiene que tener obligatoriamente en una determinada proporción con los depósitos; desde noviembre de 1960 pueden estar bien en forma de depósitos en los bancos de la Reserva Federal, como en forma de dinero en caja; *b)* las «working reserves», integradas por los depósitos a la vista con otras entidades de crédito y por los depósitos que superan a los obligatorios en los bancos de la Reserva Federal.

En cuanto a las «secondary reserves», es prácticamente imposible separarlas del conjunto de las restantes partidas del activo. Con esta expresión se designan a aquellos activos que son rápidamente convertibles sin una pérdida «significativa»; generalmente títulos a corto plazo y determinados tipos de créditos, incluso a muy corto plazo.

134 La disposición adicional cuarta de la Ley 13/1971, de 19 de junio, sobre Organización y Régimen del Crédito Oficial, establece que las funciones que se cumplían por medio de las líneas especiales de redescuento en la banca española se atenderán en lo sucesivo con el establecimiento de un coeficiente de inversión definido como el porcentaje que representa el total de la cartera de fondos públicos y de créditos o efectos especiales sobre sus recursos ajenos.

A los efectos de este coeficiente, tienen la consideración de fondos públicos y de créditos o efectos especiales los que determina el Decreto 1472/1971, de 9 de julio.

El Ministro de Hacienda, teniendo en cuenta la especialidad y ámbito operativo de los bancos, fijará en cada caso la cuantía del coeficiente de inversión, así como el porcentaje o porcentajes mínimos que dentro del mismo debe representar la cartera de fondos públicos. En ningún caso la cuantía del coeficiente puede superar el 25 %. En la actualidad la cuantía viene fijada por la Orden de 9 de julio de 1971 en un 22 % para los bancos comerciales y mixtos, y de un 7 % para los bancos industriales.

Dentro del primer coeficiente, el porcentaje de fondos públicos es del 15%.

La Ley primeramente citada, 13/1971, de 19 de junio, suprimió los coeficientes de liquidez y fondos públicos, existentes con anterioridad. (N. del R.)

135 Véase DELL'AMORE, «Depositi», págs. 455-465.

Generalmente es cierto y puede comprobarse estadísticamente que los depósitos a la vista son más inestables que los de ahorro y a plazo, es decir, las variaciones de cada cuenta en un determinado período sobre la media, son mayores en los primeros que en los segundos. Además, hay que distinguir en los depósitos a plazo: los de ahorro presentan una inestabilidad mucho menor, pues se puede pensar que estos recogen sumas destinadas a inversiones duraderas (recuérdese que esta forma de depósito está reservada a los particulares y a las instituciones sin fines de lucro); los depósitos a plazo incluyen fondos de muy diverso significado económico que van desde el ahorro propiamente dicho hasta las disponibilidades líquidas temporalmente no utilizadas en el proceso productivo de la empresa titular de la cuenta.

Entre los depósitos a plazo se incluyen los certificados de depósito, los cuales —como ya sabemos— son de elevado importe unitario y, por tanto, presentan una gran sensibilidad a las variaciones de tipo de interés[136]. Debido a esta característica se ha llegado a afirmar que presentan un grado de inestabilidad mayor incluso que el de los depósitos a la vista: efectivamente, las fluctuaciones de su importe se deben a la posibilidad de inversiones alternativas más rentables, lo cual influye más directamente sobre estos que sobre otras formas de depósito. Cada vez que los límites impuestos por la Regla Q han permanecido por debajo del nivel general de los tipos a corto, los bancos han visto reducirse sensiblemente los certificados. Por tanto, si bien es verdad que en determinados períodos son más estables que los depósitos a la vista, no debe olvidarse que esta peculiaridad es considerablemente importante a la hora de determinar su utilización.

Volvemos así al más amplio concepto de grado de disponibilidad, el cual, aun sin restar validez a lo expuesto, impone las siguientes consideraciones: en primer lugar, en los certificados de depósito, como en otras clases de depósito, hay una parte de los fondos estable y otra que no lo es. No todas las sumas son igualmente sensibles a las modificaciones del tipo de interés y por ello cada entidad de crédito debe, en base a su propia experiencia, valorar la parte de los certificados que responde con menos rapidez al cambio de las condiciones económicas. Una estimación, incluso aproximada, de este elemento tiene gran utilidad al establecer la política de inversiones.

136 Sobre las repercusiones del tipo de interés en la estabilidad de los depósitos dice Dell'Amore: «La influencia del tipo de interés es más acusada en las sumas elevadas, para las cuales es más fácil el paso de una utilización a otra, mientras que en las pequeñas cuotas de ahorro la incidencia de las variaciones del tipo de interés es poco importante. Es más, se puede afirmar que en todo sistema bancario existe una masa de ahorros de modesto importe individual que no tienen otras posibilidades de elección fuera del depósito bancario» («ibidem», págs. 538-539).

En segundo lugar, no hay que olvidar que los certificados de depósito tienen la gran ventaja de tener un vencimiento fijo. Considerada aisladamente, su utilización no presenta, por tanto, problemas siempre y cuando se sepa dónde invertirlos provechosamente. El problema surge cuando hay que hacer conjeturas sobre su renovación, y aquí deben considerarse muchos factores, entre los cuales se deben citar las directrices actuales y previstas de la política monetaria central, la marcha de los tipos de interés en el mercado y el comportamiento de los otros intermediarios financieros. Este elemento permite hacerse con los medios necesarios para sustituir a los certificados de depósito que se prevén serán retirados. En tercer lugar, se puede operar sobre los certificados de depósito para cambiar tendencias no deseadas. Si la Regla Q lo permite, las variaciones del tipo de interés permiten hacer afluir fondos en la medida deseada para evitar la concentración masiva en determinados períodos de los vencimientos[137].

Antes de concluir el epígrafe, creemos conveniente dar un ejemplo de los efectos que puede producir para el banco emisor la retirada de certificados de depósito. Consideremos las siguientes hipótesis: el importe del certificado es de 100, los coeficientes de reservas obligatorias son 17,5 y 6, respectivamente, para los depósitos a la vista y a plazo (porcentajes vigentes para las cuentas de importe superior a los cinco millones de dólares, el primero para los «reserve city banks»); el banco A paga el certificado de depósito vendiendo bonos del Tesoro de su cartera por el importe correspondiente. Hay cuatro posibles casos:

1) El comprador de los bonos del Tesoro y el propietario del certificado son cuentacorrentistas del banco A. La situación para el banco A es la siguiente:

depósitos a la vista:

− 100 (cheque emitido por el comprador de los bonos del Tesoro)

+ 100 (importe del certificado ingresado en la c/c)[138].

depósitos a plazo:

137 No debe olvidarse que estas maniobras son más fáciles de decir que de hacer: la experiencia enseña, por un lado, que la Regla Q reduce el campo de acción en momentos cruciales; por otro, que el deseado escalonamiento de los vencimientos se ve obstaculizado por algunas causas, como la costumbre de las empresas de retirar parte de las sumas invertidas en certificados de depósito en el momento del pago trimestral de los impuestos.

138 La persona que solicita el reembolso del certificado de depósito recibe del banco un cheque, que ingresa en su cuenta a la vista. Generalmente utilizará esta suma para hacer pagos o para otras inversiones. El presente caso implica también la hipótesis de que los individuos que reciben cheques del primer propietario del certificado son también clientes del banco A: los efectos son los mismos.

– 100 (retirada del certificado de depósito).

El banco A ve reducirse sus inversiones en 94 (al perder 100 de depósitos a plazo puede liberar 6 de reservas)[139].

2) El comprador de los bonos del Tesoro es cliente del banco A, pero el propietario del certificado de depósito deposita el cheque recibido en su cuenta corriente en el banco B[140]. La situación para el banco A es la siguiente:

depósitos a la vista:

– 100 (cheque emitido por el comprador de los bonos del Tesoro)

depósitos a plazo:

– 100 (retirada del certificado de depósito).

El banco A ve reducirse sus inversiones en 176,5 [200 – – (17,5 + 6)]. La venta de los bonos del Tesoro no basta para restablecer el equilibrio; hay que liquidar más activos por un importe de 76,5.

3) El comprador de los bonos del Tesoro no es cliente del banco A y el propietario del certificado de depósito ingresa su importe en el banco B. La situación para el banco A es la siguiente:

depósitos a la vista: sin variación.

depósitos a plazo:

–100 (retirada del certificado de depósito).

El efecto es el mismo que el visto en el punto 1.

4) El comprador de los bonos del Tesoro no es cliente del banco A y el propietario del certificado de depósito ingresa el cheque recibido en su cuenta corriente en el banco A. La situación para el banco A es la siguiente:

depósitos a la vista:

+ 100 (importe del certificado ingresado en la c/c)

depósitos a plazo:

---

139 En la práctica, el banco hará el reembolso, reduciendo en 100 sus reservas y en un segundo momento procederá a reestablecer el nivel de las mismas mediante una adecuada liquidación de activos (94 en este caso). Las consecuencias no varían.

140 Para el banco A es indiferente el que el propietario del certificado de depósito ingrese el cheque en otro banco o solicite su pago a metálico. De todos modos, hay que recordar que en los Estados Unidos más del 90 % de todos los pagos se efectúan mediante cheque, y que para las empresas, principales propietarias de certificados de depósito, esta forma es casi universal.

−100 (retirada del certificado de depósito).

El banco A ve reducirse sus inversiones solo en 11,5 (diferencia entre los coeficientes de reserva de ambos tipos de depósitos).

Este es el caso más frecuente en la práctica. Pero debe notarse que la subsiguiente utilización de la suma ingresada en la c/c aleja del banco A la totalidad o una parte de sus disponibilidades, pues se puede suponer que los individuos con los que el propietario del certificado de depósito se relacione, utilizarán para sus servicios de caja otras entidades que no son la A. Por tanto, los efectos finales tenderán a acercarse a los estudiados en los casos 1 y 3. Todo ello prescindiendo del hecho de que el paso de fondos de un tipo de depósito a otros puede repercutir en la política de las inversiones[141].

10. *El mercado de los certificados de depósito*

En 1961, la decisión adoptada por algunos de los más importantes «dealers» de Nueva York de crear y mantener un «secondary market» para los certificados de depósito emitidos por los bancos comerciales, fue un factor decisivo en el desarrollo de los mismos.

El fin primordial de la creación del mercado era el de brindar a los poseedores de certificados la posibilidad de revender sus títulos en cualquier momento anterior al vencimiento, dando a esta forma de depósito una liquidez inexistente para los restantes tipos de depósitos a plazo y de ahorro. Aunque solo una pequeña parte de los certificados en circulación es tratada activamente en el mercado, la existencia del mismo ha favorecido la aceptación de los certificados de depósito, tanto de los de pequeño importe unitario emitidos por los bancos más pequeños como de los mantenidos por el comprador en su cartera hasta el vencimiento.

El poder considerar un pasivo bancario como un instrumento más del mercado monetario ha sido una gran ventaja para tres sujetos interesados: las entidades de crédito, los «dealers» y los inversores. Las primeras han podido competir con éxito con otros títulos a corto plazo en la captación de los fondos líquidos de las empresas y otras entidades; los segundos han visto abrirse una nueva posibilidad de ventajosas transacciones; los últimos han tenido acceso a una forma

141 Para el sistema bancario en su conjunto los cuatro casos analizados se resumen en uno (prescindiendo de la retirada material de moneda): puesto que la retirada de un certificado de importe 100 provoca el aumento de los depósitos a la vista en un importe igual, el sistema tiene que reintegrar las reservas obligatorias, que son menores en 11,5. Por tanto, reducirá sus inversiones en 65,71, restableciendo así el equilibrio (en todo sistema de reservas «fraccionario», cualquier variación de las mismas produce efectos multiplicadores, que son como mínimo iguales al incremento o decremento, dividido por el coeficiente de reserva. En nuestro ejemplo: 11,5/0,175).

de depósito a plazo muy rentable y liquidable con rapidez inexistente anteriormente.

Así, en un plazo de pocos años, los certificados de depósito se han convertido, desde el punto de vista cuantitativo, en el segundo de los instrumentos del mercado monetario, siendo superados únicamente por los bonos del Tesoro. Antes de analizar los aspectos estructurales y funcionales del mercado de los certificados, creemos oportuno dar algunas nociones sobre el mercado monetario, en el que está incluido, y sobre las más importantes características de los otros títulos con los que están en competencia los certificados de depósito.

El fin del mercado monetario es proporcionar un mecanismo mediante el cual los individuos, las empresas y las entidades públicas puedan mantener una parte de sus activos en forma de títulos con un elevado grado de liquidez y con una remuneración más o menos satisfactoria. Las unidades económicas que participan en el mercado son muy diversas: entre los principales proveedores se encuentran los bancos comerciales, especialmente los más grandes situados en importantes centros financieros (denominados, precisamente, «money market banks»), los cuales tienen un elevado importe de obligaciones a corto plazo en sus reservas secundarias; las instituciones financieras no bancarias, como las compañías de seguros de vida y fondos de pensiones, que normalmente invierten sus disponibilidades en títulos a largo plazo, pero que con frecuencia recurren al mercado monetario para emplear sumas temporalmente disponibles; las empresas, que son la principal fuente de fondos en la segunda posguerra; las administraciones estatales y locales y algunas entidades extranjeras.

En cuanto a la utilización de los fondos, tenemos en primer lugar al gobierno federal, cuya deuda a corto plazo es igual a la de todos los demás acreditados en conjunto; los «brokers» y los «dealers», los cuales necesitan los préstamos para poder desarrollar su función de intermediarios y financiar las existencias de títulos en cartera; las empresas comerciales y las compañías de financiación de las ventas a plazos; los exportadores y los importadores; las entidades de crédito que tienen un déficit temporal en sus reservas obligatorias, por lo que están obligadas a solicitar un préstamo a otros bancos (en el mercado de los fondos federales) y que recogen otras sumas mediante la emisión de certificados de depósito y de pagarés a corto plazo.

El Sistema de la Reserva Federal ocupa en el mercado una posición muy especial. Actúa tanto como vendedor como comprador de los títulos, pero no para ajustar su situación de caja, como hacen los restantes participantes, sino para aumentar o reducir las reservas del sistema bancario; en otras palabras, para proporcionar al país las condiciones monetarias y crediticias consideradas como convenientes para alcanzar los fines de política económica que se persiguen.

Uno de los más importantes cambios que se han producido en el mercado monetario en la segunda posguerra —y que es interesante resaltar aquí— ha sido la aparición de empresas con fuertes disponibilidades que prestan y la de los bancos como demandantes de fondos. Este cambio de posiciones, totalmente opuestas a las mantenidas en el pasado, se debe en parte a las evoluciones ya examinadas en epígrafes anteriores: por un lado, las empresas no bancarias, frente a crecientes aumentos de los gastos por impuestos y dividendos, han preferido invertir las sumas necesarias a estos fines en instrumentos a corto plazo que presentan sobre los depósitos a la vista la ventaja de devengar intereses. Por otro lado, los bancos, mediante la emisión de los certificados de depósito se propusieron ofrecer a las sociedades un medio de inversión adecuado para satisfacer sus necesidades de inversión temporal de fondos. De este modo, los bancos, que antes eran los mayores prestamistas del mercado, se han convertido en el mayor prestatario detrás del Gobierno Federal[142].

Los instrumentos negociados en el mercado monetario son numerosos. Aunque cada uno de ellos tiene algunas características propias, son en gran parte alternativos, pues todos ellos ofrecen, aunque con diferentes matices, la liquidez pedida por el inversor. Por ello los tipos de interés tienden generalmente a fluctuar en la misma dirección: las modestas diferencias existentes entre unos y otros, que varían en el tiempo, expresan las preferencias del mercado por un determinado instrumento. Los más directamente relacionados con los certificados de depósito son los bonos del Tesoro, los títulos de las agencias federales, las aceptaciones bancarias, los pagarés comerciales y los de las sociedades de financiación de ventas. La Tabla 10 señala el importe y el porcentaje anual de incremento total de cada uno de ellos para el período 1960-1968.

Los bonos del Tesoro son los títulos a corto plazo más negociados y representan aproximadamente la mitad de todos los instrumentos en circulación[143]. Su importancia radica en que son, al tiempo, la forma principal de endeudamiento público con vencimiento en el año, un medio esencial de política monetaria y el tipo de inversión más líquido y seguro. Semanalmente el Tesoro ofrece dos series de bonos a tres y seis meses; además, cada mes vende los bonos anuales y cada trimestre los bonos a doscientos setenta días, como anticipo al cobro de los impuestos («tax anticipation bills»). Al ser emitidos con

142 Véase SHAPIRO-SOLOMON-WHITE, obra citada, pág. 309.

143 Además de los bonos del Tesoro, existen aproximadamente 40.000 millones de dólares en recibos y obligaciones del Tesoro («Tresaury notes and bonds») con vencimiento inferior al año. No obstante, estos títulos no se consideran como parte del mercado monetario tanto porque el Tesoro no los emite con el fin de obtener fondos a corto plazo, como porque son poco negociados.

una gran variedad de vencimientos y una elevada gama de importes unitarios (que van desde los 1.000 dólares hasta un millón) estos títulos satisfacen las necesidades específicas de muchos inversores. Pero, indudablemente, la demanda es elevada en razón de su liquidez: el mercado secundario es tan vasto que puede absorber prácticamente cualquier cantidad sin sensibles variaciones en el precio. La ausencia total de riesgos incide sobre los tipos de interés, que generalmente son los más bajos del mercado[144].

Los títulos de las agencias federales son obligaciones de cinco entidades de naturaleza semipública que tienen como misión llevar fondos a las zonas del país más necesitadas de inversiones. Tres organizaciones operan en el sector del crédito a la agricultura (los «Federal Land Banks», los «Banks for Co-operatives» y los «Federal Intermediate Credit Banks»), dos en el del crédito hipotecario a la vivienda (el «Federal Home Loan Bank» y el «Federal National Mortgage Association»), de las que la segunda se ha hecho recientemente privada. Todas ellas se financian preferentemente mediante la emisión de títulos, a corto y largo plazo, que no son considerados ni como parte de la deuda pública ni como obligaciones legales del gobierno federal. Algunos de estos títulos entran regularmente en el mercado monetario, en el que varios «dealers» los cambian activamente[145].

---

144 Hay que recordar que los bonos del Tesoro, al igual que otros instrumentos, son emitidos y negociados «sobre la base del descuento» («on a discount basis»), es decir, la retribución deriva de la diferencia entre el precio de compra y el valor nominal del título (que es reembolsado al vencimiento). Así, por ejemplo, para calcular el interés anual X de un bono de 100 de valor nominal, con vencimiento a 91 días y adquirido a 98,95, basta operar la igualdad: $1{,}05/91 = X/360$ de donde $X = 4{,}15$ %. En otras palabras, si se considera como inversión inicial el valor nominal, se puede decir que el rendimiento es pagado anticipadamente.

Veremos más adelante que para la cotización de los certificados de depósito se utiliza un criterio diferente.

145 Véase, para más detalles, FEDERAL RESERVE BANK OF CLEVELAND, «Federal Agency Securities», págs. 62-68.

TABLA 10

VOLUMEN EN CIRCULACIÓN E INCREMENTO PORCENTUAL DE ALGUNOS INSTRUMENTOS DEL MERCADO MONETARIO DESDE 1960 A 1968

(Datos de final de año. – En millones de dólares)

AÑO	Bonos del Tesoro	Títulos agencias federales	Certificados de depósito	Aceptnes. bancarias	Pagarés comerciales	Pagarés de las Sdades. de financiación de las ventas
1960	39.446	4.414	796	2.027	1.358	3.139
1961	43.444	4.399	2.782	2.683	1.711	2.975
1962	48.250	5.787	5.442	2.650	2.088	3.912
1963	51.539	7.360	9.593	2.890	1.928	4.819
1964	56.476	7.410	12.291	3.385	2.223	6.138
1965	60.177	9.253	16.097	3.392	1.903	7.155
1966	64.684	13.570	15.668	3.603	3.089	10.190
1967	69.870	11.692	20.330	4.317	4.901	11.634
1968	75.012	15.004	22.820	4.428	7.201	13.296
Incremento % 1968 sobre 1960	90	239	2.766	118	430	323

Fuente: Certificados de depósito tabla 2; otros, «Federal Reserve Bulletin», varios años, salvo títulos de las agencias federales, de «Tresaury Bulletin», varios años (estos títulos son los de vencimiento inferior al año).

Las aceptaciones bancarias («banker's acceptances») son letras de cambio con las que un individuo o una empresa ordena a un banco pagar una suma específica de dinero a una tercera persona a la vista o a un determinado vencimiento (que suele oscilar entre treinta y ciento ochenta días). Cuando el banco «acepta» la letra, esta se convierte en una aceptación y desde ese momento el banco se compromete a pagar la suma al vencimiento. No obstante, es evidente que el banco aceptante no es ni el prestamista ni el prestatario: estos son, respectivamente, la persona a la que está dirigida la letra y la que la transmite. El banco, al aceptarla, garantiza el pago al vencimiento, con lo que aumenta la negociabilidad del título. Más de la mitad de estos efectos, proceden del comercio internacional, ofreciendo así un instrumento seguro y fácilmente negociable. Además de algunos «dealers» especializados en estas operaciones, el mercado está integrado por entidades de crédito y algunos inversores extranjeros, por algunos grandes bancos americanos y por el «Federal Reserve Bank» de Nueva York. Las aceptaciones bancarias, al ser líquidas, carentes de riesgo y a corto plazo, tienen un tipo de interés no muy superior al de los bonos del Tesoro; pero tienen el inconveniente de tener un importe nominal no «redondo» y de tener unos vencimientos que no siempre se adecúan a las necesidades de los compradores.

Los últimos dos instrumentos que consideramos —los pagarés comerciales y de las sociedades de financiación de las ventas a plazos («commercial and finance company paper»)— son pagarés emitidos por las empresas, con el fin de obtener fondos a corto plazo. Difieren fundamentalmente por su forma de colocación: los primeros se colocan con la intervención de algunos «dealers» especializados, los segundos directamente. El importe, casi duplicado, en circulación de los pagarés comerciales y de las sociedades de financiación de las ventas a plazo refleja el rápido desarrollo de la demanda de crédito a plazo de la segunda posguerra. Un cambio significativo en el mercado de los pagarés comerciales desde los años «veinte» a nuestros días fue la progresiva reducción de las sociedades demandantes de fondos y el aumento de su dimensión: dicha evolución se explica con el hecho de que mientras que hace medio siglo apenas existían instrumentos líquidos, en los años «sesenta» otros títulos, con características especialmente atractivas para los inversores, han entrado en competencia con los pagarés comerciales, imponiendo una selección natural de los posibles emisores. Sólo las grandes empresas con una indiscutida reputación pueden colocar, a través de los «dealers», sus títulos de deuda a un precio competitivo, ofreciendo un elevado grado de seguridad.

La Tabla 10 demuestra que el desarrollo entre 1960 y 1968 de los instrumentos examinados no puede compararse con el de los certificados de depósitos, pues estos han pasado de un nivel prácticamente nulo a ser el segundo instrumento, detrás de los bonos del Tesoro. Afirmar que los certificados han alcanzado fácilmente esta posición porque eran un nuevo medio de inversión es invertir la situación real: el éxito es aún más importante si se piensa que su mercado no podía competir con el de otros instrumentos en tradición, eficiencia y organización. Mientras que se desea su perfeccionamiento[146], el factor que, sin duda, más lo condiciona es la presencia de la Regla Q, a la cual —al menos por el momento— la autoridad central no tiene intenciones de renunciar. Cuando los tipos de interés de los otros instrumentos se elevan por

146 Véanse, por ejemplo, las propuestas hechas por WILLIS, «Secondary Market for CD's», págs. 83-89.

encima de los límites máximos impuestos por el Consejo de los Gobernadores para los depósitos a plazo y de ahorro, los bancos ven reducirse o detenerse las ventas de certificados de depósito y también el mercado recibe, en forma negativa, los efectos de esta situación.

Mientras que dejamos para más adelante el estudio detallado de la evolución del mercado monetario en el tiempo, queremos ahora comparar los certificados de depósito con los otros títulos a corto plazo para identificar las fuerzas que, en último extremo, determinan las diferencias entre los respectivos tipos de interés. Además de las variables demanda y oferta y de las condiciones generales del mercado, otras circunstancias de orden, por así decirlo, técnico hacen que en el transcurso del tiempo predomine una determinada estructura de tipos de interés, de los cuales algunos están constantemente por debajo de otros.

Antes de analizar los tipos de interés tal y como se anuncian en el mercado, debemos decir que el criterio utilizado para expresar el interés de los certificados de depósito es diferente del utilizado para los bonos del Tesoro y otros títulos. Mientras que estos —como ya se ha visto[147]— son tratados sobre «la base del descuento», los primeros se cotizan «sobre la base del rendimiento» («on a yield basis»). En otras palabras, esto significa que el interés, calculado sobre el valor nominal, se añade a este (y no se resta, como para los bonos del Tesoro) y que el inversor lo recibe al vencimiento. Queda claro, por tanto, que un mismo interés puede lograrse con un título cotizado «sobre la base del descuento» con un capital menor y que, por tanto, el tipo efectivo de interés será algo superior[148]. La diferencia entre los dos métodos tiende a aumentar a medida que crece el tipo de interés y/o el vencimiento, es decir, en función creciente de estos dos parámetros.

El tipo de interés de los bonos del Tesoro en cualquier tipo de vencimiento es el más bajo del mercado monetario, mientras que el de los certificado de depósito es uno de los mayores y, con frecuencia, el más alto. Ello refleja la liquidez, seguridad y homogeneidad de los primeros y la heterogeneidad y limitación en las contrataciones de los segundos. El hecho de que cada certificado de depósito tenga características individuales propias y que sea necesario para cada uno de ellos un examen del banco emisor, del vencimiento, del importe, antes de ser cambiado, produce efectos negativos en su «marketability».

147 Véase nota 130 en este epígrafe.

148 Por ejemplo, sean un certificado de depósito y un bono del Tesoro, ambos con vencimiento a un año y ambos al tipo de interés del 5%. El certificado de depósito producirá exactamente un 5%, pues con una inversión inicial de 100 se obtendrá al vencimiento 105; en cambio, el bono del Tesoro producirá un rendimiento superior, pues ha sido adquirido a 95 y el interés efectivo (que es en este caso del 5,26 %) se calcula sobre un capital de 95 y no de 100.

Esto no sucede con los bonos del Tesoro: todos los días son negociados por suma elevada, tienen vencimientos predeterminados e importe conocido con antelación, son emitido por una única fuente, tienen una gran gama de importes unitarios múltiplos de 1.000 dólares, que pueden, si se solicita, ser cambiados por la combinación deseada en cada caso. Además, mientras que la posición física de los certificados puede implicar en algunos casos gastos para su traslado material (especialmente si están fuera de Nueva York), para transferir los bonos del Tesoro se suelen utilizar los servicios gratuitos de los bancos de la Reserva Federal y sus filiales.

Si bien es cierto que los bonos del Tesoro son ahora la inversión más líquida del mercado y el más adecuado para equilibrar la situación de caja de las empresas y las reservas secundarias de los bancos de la forma más rápida, debe observarse en los años recientes un cambio en el grupo de los poseedores de estas obligaciones.

El desarrollo y perfeccionamiento del mercado de otros instrumentos a corto plazo ha hecho que los inversores más sensibles a la consideración del rendimiento —especialmente las entidades de crédito y las empresas— hayan aceptado el riesgo relativamente mayor de la posesión de estos títulos a cambio de un interés mayor. En el caso de los bancos, la posibilidad de poder emitir un documento como el certificado de depósito les ha llevado a considerar no solo a las reservas obligatorias como al único instrumento adecuado para satisfacer las necesidades de liquidez. Por estas razones, recientemente ha crecido la fracción de bonos del Tesoro, detentada por las instituciones sin fines de lucro, los inversores extranjeros, algunos intermediarios financieros no bancarios y los particulares.

Los títulos de las agencias federales tienen un rendimiento ligeramente superior al de los bonos que fluctúa en íntima relación con el de estos. Ya que estos organismos están garantizados por el gobierno, aunque de forma indirecta y no oficial, los compradores de sus obligaciones se sienten protegidos y están dispuestos a recibir una remuneración inferior a la de otros instrumentos.

En zonas de tipos de interés más altos, están en un campo limitado los pagarés comerciales y de las compañías de financiación de las ventas a plazo, las aceptaciones bancarias y los certificados de depósito. Normalmente las cotizaciones de estos últimos son las más altas, como consecuencia de que —además de ciertas diferencias técnicas— los certificados de depósito soportan el riesgo de la Regla Q, inexistente para los otros.

Los certificados de depósito y las aceptaciones bancarias difieren totalmente y son documentos cuyas características son sumamente heterogéneas: las segundas más que los primeros, con referencia al vencimiento, al importe unitario, al emisor. Sin embargo, el mercado de las aceptaciones ha obtenido de su larga experiencia la enseñanza de evitar algunos inconvenientes ligados a estas diferencias. Las cotizaciones de demanda y oferta se hacen para grupos de vencimientos (1-90, 91-120, 121-180 días), y se ha convenido que toda letra tratada en el mercado, independientemente del banco aceptante, se considere de primera calidad («prime»). Estas técnicas y el hecho de que las aceptaciones son obligaciones de pago avaladas por dos firmas, permiten explicar —al menos en parte— el nivel de su tipo de interés, generalmente comprendido entre el de los bonos del Tesoro y el de los certificados de depósito.

Finalmente, entre estos últimos y los «commercial and finance papers» ha habido siempre escasas diferencias en el tipo de interés (con frecuencia solo unas centésimas de punto). El menor número de empresas que emiten estos pagarés ha permitido a los «dealers» obtener más información sobre la estructura económico-financiera de cada una de ellas, con sensibles beneficios para la valoración del título. Además, algunas compañías de financiación de las ventas a plazos se han comprometido a readquirir sus obligaciones antes del vencimiento, con el fin de ampliar el mercado cuando el poseedor necesite inesperadamente dinero. Ya hemos visto que la Regla Q impide a los bancos formalizar estos acuerdos sobre los certificados de depósito. Además, estos pagarés compiten con los certificados de depósito porque pueden ser emitidos con el importe y vencimiento deseados por el comprador.

Como conclusión del presente examen de la estructura de algunos tipos de interés del mercado monetario, indicamos la media anual de los tipos de interés a tres meses de los instrumentos considerados para los últimos tres años[149].

Instrumentos del mercado monetario	1966	1967	1968
Bonos del Tesoro	4,81	4,30	5,27
Títulos de las agencias federales	5,22	4,60	5,54
Aceptaciones bancarias	5,37	4,81	5,74
Pagarés de sociedades de financiamiento	5,39	4,93	5,70
Certificados de depósito	5,43	4,99	5,79

149 Los tipos, obtenidos de «Solomon Brothers and Hutzler» son los de oferta en el mercado secundario (no los de emisión). Los certificados de depósito y los títulos de las agencias federales se cotizan sobre «la base del rendimiento». Los tipos de los pagarés comerciales no vienen publicados en la citada fuente, y, por otro lado, los indicados en el «Federal Reserve Bulletin» se refieren a los pagarés con vencimiento a 4-6 meses, por lo que no son comparables.

La diferencia entre el tipo de interés de los certificados de depósito y el de los bonos del Tesoro ha variado (de mes a mes) entre aproximadamente 10 y 90 centésimas de punto, tendiendo hacia márgenes superiores cada vez que los bancos emisores han lanzado al mercado elevados importes de certificados, con el fin de obtener los fondos deseados.

Una vez vistas las diferencias «técnicas» que explican las relaciones entre los tipos de interés en cuestión, el análisis sería incompleto si no se analizaran las variables que determinan el nivel de la demanda y de la oferta de cada uno de los instrumentos. A nosotros nos interesa examinarlas en relación con los certificados de depósito. Estas actúan íntimamente ligadas no solo al volumen y sus características en el momento de la emisión, sino también a la posterior actividad del mercado[150]:

1) Regla Q: cuando los tipos de los otros instrumentos a corto plazo se elevan por encima de los límites fijados, los bancos ya no pueden competir y la disminución en la oferta se refleja en las transacciones y en los stocks de los «dealers»; los vencimientos de los certificados tienden a acortarse.
2) Importancia de la demanda de crédito: la previsión de que la demanda de créditos se mantendrá alta en el futuro estimula a los bancos a buscar más fondos, aún a un coste alto. La oferta de certificados de depósito, especialmente los a más largo plazo, se intensificará; lo opuesto sucede en el caso contrario.
3) Entrada de fondos mediante otros tipos de depósitos a plazo y de ahorro: obviamente, si estas formas menos costosas de captación de fondos llegan a los bancos en importes elevados, estos necesitarán menos recurrir a los certificados de depósito (inclusive para no estimular un trasvase de fondos de las cuentas menos gravosas a los certificados).
4) Oferta de instrumentos sustitutivos y condiciones del mercado: si aparecen en el mercado títulos alternativos en condiciones atractivas, los bancos tendrán más dificultades en colocar los certificados. La relación con los otros tipos de interés tiene siempre una gran importancia.
5) Situación de liquidez de los compradores, especialmente de las empresas: ya que estas son las principales demandantes de los certificados de depósito, cuando su situación de liquidez sea precaria, reducen la adquisición de certificados tanto en el

150 Esta lista no aporta nada nuevo a lo expuesto en epígrafes anteriores. Pero tiene el mérito de resumir dichos factores de forma ordenada y sistemática. Para más detalles véase WILLIS, obra citada, páginas 38-41.

mercado primario como en el secundario. En estas circunstancias se prefiere invertir en títulos fácilmente realizables, como los bonos del Tesoro.

6) Pago de los impuestos y de los dividendos por las empresas: ya que muchas empresas invierten en certificados los fondos acumulados para los pagos de impuestos y dividendos, el volumen y los vencimientos de estos imprimen una cierta periodicidad estacional a la actividad del mercado; los «dealers» suelen registrar el punto más alto de su actividad precisamente uno o dos meses antes de dichas fechas.
7) Excesiva emisión de certificados de depósito: la excesiva proporción de certificados sobre sus depósitos puede suscitar dudas sobre la solvencia de dicho banco, induciendo a los inversores a limitar sus compras y produce negativos efectos sobre el mercado.

Hasta aquí hemos considerado el mercado de los certificados de depósito en el ámbito más amplio del mercado monetario, examinando sus relaciones con los otros instrumentos alternativos. Veamos ahora con más detalle cómo se efectúa la actividad de cambio.

Tres son los grupos que participan: los bancos, los «dealers» y los inversores. Los primeros participan en el mercado no solo porque en este se tratan sus certificados, sino, además, porque en ocasiones actúan como compradores (especialmente cuando los tipos de interés de los certificados de depósito son superiores a los de otros títulos) o de prestamistas contra certificados emitidos por otras entidades. La distinción entre bancos «prime», «lesser-prime» y «off-prime» ya vista[151], es sumamente importante, especialmente en el mercado secundario. La separación entre uno y otro grupo se establece mediante una especie de círculo vicioso: los inversores prefieren los certificados de los mayores bancos porque les ofrecen más seguridad y fama, y los certificados de depósito de los mayores bancos obtienen las mejores cotizaciones precisamente porque los compradores los demandan más. Por mejores cotizaciones deben entenderse precios más elevados (o, lo que es lo mismo, rendimientos menores): la diferencia con referencia al emisor, que es la primera característica en base a la cual se juzga la «marketability» del título, es aproximadamente 5-15 centésimas de punto para los bancos «lesser-prime» y 15-25 para los de los «off-prime» (dicha diferencia debe sumarse al tipo de interés corriente para los certificados de los mejores bancos). Otros dos elementos que influyen en el grado de «marketability» del título, de los que también hemos hablado, son el vencimiento (se prefieren los que vencen algunos días antes del pago trimestral de los impuestos) y el importe

151 Véase epígrafe 6.

unitario (un millón de dólares es el típico; los inferiores implican para el vendedor la pérdida de algunas centésimas de punto).

Son aproximadamente un centenar los «dealers» que mantienen el mercado de los certificados de depósito, es decir, que se comprometen a adquirir estos títulos en cualquier momento y a conservarlos antes de revenderlos. Además, operan algunos «dealers» bancarios (es decir, bancos que tienen una sección aparte para la intermediación de títulos) y todos ellos tienen o su domicilio social o una filial en Nueva York.

Sea cual sea el tipo al que pertenece, el «dealer» actúa siempre en nombre y por cuenta propia, diferenciándose así del «broker», cuya misión consiste en encontrar al cliente para una oferta o una demanda de títulos, sin asumir ninguna obligación personal.

Los inversores más importantes son —como ya hemos dicho repetidas veces— las empresas, tanto en el mercado primario como en el secundario. Estas suelen fijar unos límites a la adquisición de certificados de depósito, bien expresándolo en importe absoluto o bien como un porcentaje de los títulos del gobierno federal en cartera, oscilando en este último caso entre un tercio y un cuarto. Generalmente, muchas empresas compran certificados de depósito, con el fin de retenerlos hasta su vencimiento, mientras que los bonos del Tesoro se consideran el medio más rápidamente realizable cuando se presentan inesperadas necesidades de caja, los primeros son considerados como inversiones a corto plazo rentables, susceptibles de ser cedidos en un segundo término. Por ello es conveniente invertir en certificados de depósito de los bancos regionales, que conceden un interés más elevado.

Pero hay otros casos en los que el mercado ofrece oportunidades de venta o de compra interesantes. Con referencia al primer punto, además de poder liquidar los certificados en cuanto se necesiten fondos, se puede obtener en el mercado un beneficio adicional, obteniendo ventaja de la diferencia entre el rendimiento corriente y el de emisión del certificado. Estas operaciones son permitidas por las limitaciones impuestas por la Regla Q, al fijar diferentes tipos de interés máximos para los diversos grupos[152].

Por el lado de la compra, tipos de interés mayores y vencimientos más cortos son los principales motivos que inducen a un inversor a dirigirse al mercado en vez de a la entidad oferente. Si recordamos que la Regla Q no se aplica a las transacciones efectuadas después de la emisión, se pueden encontrar con frecuencia en el mercado

152 Para un ejemplo numérico explicativo de la situación descrita, véase nota 77, en el epígrafe 8.

certificados a un plazo menor que los originales, a unos tipos de interés superiores (por la razón ya vista) e incluso certificados a menos de 30 días, que no pueden en ningún caso ser emitidos por los bancos. Además, algunas sociedades recurren sistemáticamente al mercado para evitar el contacto directo con la entidad emisora: afirman que la adquisición en la entidad de crédito con la que ya mantienen otro tipo de relaciones puede conducir en algunos casos a que el banco induzca al cliente a renovar los certificados al vencimiento, con lo cual la impersonalidad del certificado tiende a disminuir[153].

La heterogeneidad de los certificados, el hecho de que no se sepa nada de ellos hasta que no salen al mercado, la crítica de sus características, son circunstancias que les impiden alcanzar la eficiencia y rapidez en las contrataciones típicas de los bonos del Tesoro. Normalmente, los «dealers» no pueden establecer precios de venta o de compra de los certificados hasta que no los poseen o no saben donde pueden conseguirlos. Aunque no existe ningún indicio exacto sobre el volumen que de los certificados en circulación se trata en el mercado secundario, valoraciones aproximadas indican una cifra entre 10-15 %, confirmando el hecho de que una gran parte de los originarios depositantes conservan el título hasta su vencimiento. En lo referente a la entrega y el pago, se sigue —salvo estipulación contraria— la costumbre de hacer la primera sobre Nueva York el día siguiente al del contrato y abonar la transacción en fondos federales (depositados en los bancos de la Reserva).

Obviamente, los «dealers» obtienen su beneficio de la diferencia entre el precio de compra y el de venta. En general, la diferencia entre ambos es aproximadamente de 5 centésimas de punto; así, por ejemplo, el «dealer» adquiere un certificado a un interés del 5,20 % y está dispuesto a cederlo al 5,15 %. Este margen basta para asegurar sobre un certificado de depósito de un millón de dólares con vencimiento a 3 meses un beneficio bruto de 125 dólares. Cuando la competencia se hace más intensa, la diferencia en cuestión puede reducirse hasta 2-3 centésimas de punto. Se eleva, en cambio, al darse otras circunstancias, como la proximidad del vencimiento, que reduce el valor de cada punto, y la previsión de condiciones crediticias restrictivas, que induce a los «dealers» a ponerse a cubierto contra fluctuaciones adversas de los tipos de interés. Además, el precio de venta depende menos del de compra cuando el «dealer» conserva el título en su cartera durante algunos días o semanas, pues en este caso el coste financiero de la operación, los intereses acumulados y todo movimiento en los tipos de interés del mercado adquieren un peso decisivo en la determinación del precio de coste.

153 Véase HEEBNER, «Negotiable Certificates of Deposit», págs. 32-33.

El precio de oferta debe estar en línea con el de los otros instrumentos a corto plazo, reflejando en cada caso la valoración que el mercado hace de su grado de liquidez y de las características de cada uno de ellos. No obstante, debe también ser competitivo en comparación con los tipos de emisión de los nuevos certificados y ser suficientemente bajo (tipo de interés mayor) como para permitir alguna ventaja tanto al «dealer» como al inversor. En el ejemplo de antes se puede asegurar que el tipo de emisión de los certificados con análogas características al examinado era aproximadamente 5,10 %: el «dealer» obtiene un beneficio y el inversor entra en posesión de un título que le produce 5 centésimas de punto más que si hubiese adquirido el certificado directamente al banco emisor.

El «dealer», además de obtener un beneficio por la compra y reventa casi inmediata de los certificados, puede estimar conveniente en algunos casos conservar el título en cartera durante algún tiempo, obteniendo tanto el interés acumulado como un beneficio de capital. Naturalmente, el razonamiento se puede aplicar a todo inversor que realice operaciones de este tipo. El lucro adicional se puede explicar teniendo en cuenta la especial configuración de la «curva del rendimiento» de los certificados de depósito. Dicha curva («yield curve») puede definirse como la representación gráfica, en un determinado momento, de los diferentes tipos de interés de mercado referidos a un mismo instrumento, pero en sus diferentes vencimientos. El diagrama se construye situando en el eje de abscisas los días, los meses o los años que faltan para el vencimiento, y en el de ordenadas los diferentes tipos de interés. En general, el perfil es ascendente, confirmando que el rendimiento de los vencimientos más lejanos es más elevado que el de los a corto plazo[154].

En el caso de los certificados de depósito esto es más cierto que nunca, pues la Regla Q ha fijado siempre (salvo en el período diciembre 1965-abril 1968) límites del tipo de interés más bajos para los depósitos a más corto plazo. Esta ha sido una verdadera protección contra eventuales pérdidas, toda vez que los bancos se han visto en la imposibilidad de ofrecer sus certificados a causa de los tipos máximos, netamente inferiores a las cotizaciones del mercado, no pudiendo, por tanto, presionar al alza a los tipos corrientes. Así, por ejemplo, en 1965, un «dealer» podía adquirir un certificado de depósito a 6 meses al 4 ½ %, conservarlo durante 90 días (cobrando el 4 ½ % de interés

154 Pero a veces la curva en cuestión puede presentar una «concavidad», indicando que algunos tipos de interés a corto plazo son mayores que los a largo. Esta estructura suele prevalecer cuando nos acercamos a un punto de inflexión superior del ciclo y se cree que los tipos de interés disminuirán: los inversores prefieren otros títulos a más largo plazo, mientras que los emisores (entre los que se sitúan los bancos en el caso de los certificados de depósito) presionan en sentido opuesto.

durante ese período) y venderlo luego a un precio algo superior al 4 %, obteniendo un beneficio adicional (los bancos no podían entonces pagar un interés superior al 4 % sobre depósitos a 30-89 días).

Dos son los medios con los que los «dealers» financian sus actividades con los certificados de depósito: los créditos y los acuerdos de readquisición. Los primeros son los más utilizados: en 1968 los bancos han contribuido con un 72 % (28 % los de Nueva York y 44 % los de fuera de esta ciudad)[155], mediante créditos concedidos en las mismas condiciones que los de financiación de las posiciones en títulos del gobierno federal. Sobre los acuerdos de readquisición («epunchase agreement»), ya hemos dicho algo[156]: baste recordar aquí que las empresas son los principales proveedores de fondos por este camino, adquiriendo los certificados de depósito al «dealer» por un breve período, especificado en el acuerdo, y comprometiéndose a volvérselo a vender a un precio determinado (si, como sucede normalmente, es el «dealer» el que solicita el préstamo, el precio de readquisición será mayor que el anterior).

La actividad del mercado de los certificados de depósito puede valorarse tanto cuantitativamente, considerando el volumen de las transacciones y el de las existencias de los «dealers», como cualitativamente, sintetizando los acontecimientos producidos en el transcurso de los años. Para el primer punto, véase la Tabla 11, en la que se dan algunos datos y relaciones referentes a tres instrumentos a corto plazo para el período 1965-1968.

155 Véase Federal Reserve Bank of New York, «Market Statistic Division», 1969 (tabla: Financing of U. S. Government Securities Dealers).

156 Véase epígrafe 4.

TABLA 11

VOLUMEN DE LAS TRANSACCIONES Y DE LAS EXISTENCIAS DE LOS DEALERS EN CERTIFICADOS DE DEPÓSITO, BONOS DEL TESORO Y TÍTULOS DE LAS AGENCIAS FEDERALES CON VENCIMIENTO INFERIOR AL AÑO (desde 1965 a 1968)

AÑO	Certificados de depósito	Bonos del Tesoro	Títulos de las agencias federales
	Volumen de las transacciones[157]		
1965	58	1.397	105
1966	33	1.581	156
1967	55	1.732	142
1968	59	1.899	173
	Relación porcentual: Transacciones (1)		
	Volumen en circulación		
1965	0,38	2,47	1,25
1966	0,19	2,64	1,32
1967	0,29	2,66	1,15
1968	0,26	2,62	1,15
	Volumen de las existencias (1)		
1965	232	2.629	233
1966	103	1.928	361
1967	363	2.596	237
1968	351	2.855	348
	Relación: Existencias / Transacciones		
1965	4,0	1,9	2,2
1966	3,1	1,2	2,3
1967	6,6	1,5	1,7
1968	5,9	1,5	2,0

Fuente: Volumen de las transacciones de «Gross dealer transaction in U. S. government and agency securities, and in negotiable certificates of deposit»; volumen de existencias de «Dealer positions in U. S. government and agency securities by maturity, and in negotiable certificates of deposit». FEDERAL RESERVE BANK OF NEW YORK, «Market Statistic Division», 1966-1969, volumen en circulación, tabla 10.

157 Media diaria en millones de dólares.

Como puede fácilmente constatarse, el importe diario de los intercambios y de las existencias de los certificados de depósito presenta grandes diferencias entre los datos de 1966 y los de los restantes años: en 1966 las autoridades no elevaron los límites de la Regla Q en correspondencia con el aumento general de los tipos de interés, impidiendo así a los bancos abastecer el mercado de certificados al ritmo anterior. Además de esto, vender a tipos de interés crecientes significaba correr el riesgo de pérdidas seguras. Aunque no se dispone de datos para 1969, es fácil suponer que algo análogo se esté produciendo en estos meses, en los que la Reserva Federal lucha contra la inflación y en los que desde hace tiempo los tipos de emisión de los certificados de depósito no están en línea con los de los otros instrumentos del mercado.

El examen comparado de la primera serie de datos de la tabla indica que el volumen de las transacciones diarias de certificados es muy inferior a la de bonos del Tesoro y sensiblemente inferior a la de los títulos de las agencias federales. Sin duda, ello se debe, en cuanto a los bonos, al mayor volumen en circulación; pero la serie sucesiva de relaciones denota que ambos tipos de obligaciones federales son cambiados más activamente que los certificados de depósito. Esto no debe sorprendernos si se piensa que son los títulos más líquidos y homogéneos del mercado y que son solicitados por una gran variedad de inversores. La menor amplitud y profundidad del mercado de los certificados de depósito emerge también de las más acentuadas fluctuaciones de las transacciones diarias alrededor de la media.

El volumen de las existencias no aportaría nada a lo dicho a no ser porque nos permite establecer la relación existencias/transacciones, que se indica en el final de la tabla. Los valores referidos a los certificados de depósito han sido entre 2 y 4 veces superiores a los inherentes a los otros dos tipos de títulos, alcanzando un máximo de 6,6 en 1967 y manteniéndose a un nivel elevado también en el año anterior. Muchas circunstancias contribuyen a explicar por qué los certificados de depósito permanecen más tiempo en las carteras de los «dealers»: ante todo, los otros dos tipos de títulos son contratados más activamente, por lo que su rotación es más rápida; en segundo lugar, los intercambios entre «dealers» son mucho menos frecuentes para los certificados de depósitos que para los otros dos tipos de títulos; en tercer lugar, con frecuencia ha sido conveniente, como se ha dicho anteriormente, retener títulos en cartera durante algún tiempo para beneficiarse de las diferencias en los tipos de interés a diferentes vencimientos[158].

158 Véase, sobre estos puntos, HEEBNER, obra citada, págs. 38-39.

Volviendo al segundo punto, es decir, a una síntesis de los acontecimientos del mercado desde el momento de su institución hasta el presente, algunas consideraciones generales aclaran los aspectos más significativos de la evolución en el tiempo[159]. El mercado de los certificados de depósito está íntimamente ligado al de los otros títulos a corto plazo y se resiente de manera especial de la política monetaria que en cada momento pone en práctica la Reserva Federal. Aun siendo el mercado de más reciente creación, ha podido en el curso de los años transcurridos protagonizar acontecimientos económicos de muy diversa tendencia.

El período 1961-1965 se caracterizó por un rápido desarrollo de los certificados, debido a las condiciones favorables creadas por la autoridad central para conseguir objetivos internos e internacionales[160] y por los repetidos aumentos de la Regla Q cada vez que la elevación de los tipos de interés corrientes presionó sobre los límites máximos. Estas circunstancias se han reflejado en una progresiva consolidación del mercado, el cual ha visto crecer el volumen de las transacciones y ampliarse el número de sujetos activos. Las oportunidades de beneficios de capital que ofrece la Regla Q ha contribuido sensiblemente a atraer la atención de los «dealers» y de los más importantes inversores.

La situación cambió radicalmente cuando las condiciones generales de la economía impusieron la restricción crediticia de 1966: ya en diciembre del año anterior la Reserva Federal había eliminado gran parte de las ventajosas transacciones en certificados de depósitos al elevar «uniformemente» todos los límites máximos al 5 ½ %: los bancos podían de este modo emitir los certificados con vencimiento a más corto plazo a tipos crecientes, reduciendo e incluso eliminando la diferencia entre las múltiples cotizaciones (la «curva de rendimiento» se achataba). La considerable elevación de los límites máximos al 5 ½ % a partir de sus anteriores niveles, 4 y 4 ½ % (vigentes, respectivamente, para los depósitos a menos y más de 90 días), no debía en todo caso mantenerse en línea con la elevación de los tipos de interés estimulada por la presión crediticia, y en otoño de 1966 únicamente seguían siendo competitivos los certificados a más corto plazo. La menor oferta de certificados hacía disminuir la actividad de cambio y, además, la continua elevación de los tipos de interés implicaba pérdidas seguras para quien deseara vender en el mercado.

La experiencia de 1966 ha demostrado que los certificados de depósito son más vulnerables que otros instrumentos a los cambios de política

159 Quien desee conocer el desarrollo del mercado en el período 1961-1967 puede consultar WILLIS, obra citada, págs. 54-80.

160 Para toda referencia a las medidas de política monetaria de los años «sesenta» que han influido en los certificados de depósito, véase el epígrafe 8.

monetaria, pues la sujeción a la Regla Q les sitúa en una posición muy delicada. Su mercado resiente los efectos de esta disciplina no solo cuando esta no permite a los bancos seguir emitiendo certificados de depósito, sino también como elemento permanente a considerar en las previsiones. Es decir, el hecho de que la estructura de los tipos de interés pueda ser artificialmente modificada por la autoridad central en cualquier momento y, por tanto, que pueda ser sustraída en parte a las fuerzas del mercado, es un factor de debilidad para la liquidez y la aceptabilidad del título.

La tendencia en curso, a finales de 1968 y reforzada en los primeros meses de 1969 hacia el restablecimiento de la estabilidad monetaria, son una confirmación de lo aprendido en 1966. Es más, esta vez la lección ha sido más dura, pues más importantes son los esfuerzos encaminados a combatir un proceso inflacionista de indudables dimensiones. El restablecimiento en abril de 1968 de límites máximos diferentes según el vencimiento no basta para revitalizar el mercado: al ser los otros tipos de interés netamente superiores, los bancos no están en condiciones de abastecerle en la medida suficiente para hacerle adquirir una amplitud satisfactoria.

¿Qué conclusiones se pueden sacar del estudio cualitativo y cuantitativo del mercado en cuestión? Indudablemente, este no es tan homogéneo ni está tan bien organizado como el de los bonos del Tesoro y el de otros títulos: algunos elementos, tales como las características de cada certificado, la variable oferta de los bancos, el condicionamiento de la estructura de los tipos de interés, contribuyen a reducir la intensidad y la continuidad de los intercambios, especialmente en determinados períodos. Además, la actividad es restringida porque en muchos casos los certificados permanecen en manos de su poseedor originario hasta el vencimiento; porque no se consideran tan líquidos como los bonos del Tesoro en los reajustes de caja, y, finalmente, porque solo se contratan los de los bancos primarios.

A pesar de estas limitaciones, el mercado secundario ha sido, y sigue siendo, uno de los principales factores del éxito de los certificados de depósito. Aunque en forma incompleta, este proporciona la liquidez inexistente en otros depósitos a plazo, y con frecuencia le ofrece al comprador la posibilidad de obtener un beneficio adicional a una inversión ya de por sí muy rentable. El hecho de que los tipos de interés de los certificados de depósito haya encontrado su sitio entre los otros del mercado monetario demuestra el hecho de que los propios certificados son considerados como un medio alternativo.

ABREVIATURAS

BANCA DEI REGOLAMENTI INTERNAZIONALI, *XXXVIII Relazione annuale.* — BANCA DEI REGOLAMENTI INTERNAZIONALI, *XXXVIII Relazione annuale,* 1.° abril 1967, 31 marzo 1968, Basilea 10 junio 1968.

BERNSTEIN, *Eurodollar Market and National Credit Policy.* — EDWARD M. BERNSTEIN, *The Eurodollar Market and National Credit Policy,* en «Quarterly Review and Investment Survey», Model, Roland and Co., Nueva York, segundo trimestre 1969.

BOARD OF GOVERNORS, *Flow of Funds, Assets and Liabilities, 1945-1965.* — BOARD OF GOVERNORS OF THE FEDERAL RESERVE SYSTEM, *Flow of Funds, Assets and Liabilities, 1945-1965,* Washington, D. C., 20 octubre 1966.

BOARD OF GOVERNORS, *Il Sistema della Riserva federale.* — BOARD OF GOVERNORS OF THE FEDERAL RESERVE SYSTEM, *Il Sistema della Riserva federale: finalità e funzioni,* n. 14 en la Collana internazionale di saggi monetari, creditizi e bancari, Cassa di Risparmio delle Provincie Lombarde, Milano, 1969.

BOARD OF GOVERNORDS, *Regulation Q: Payment of Interest on Deposits.* — BOARD OF GOVERNORS OF THE FEDERAL RESERVE SYSTEM, *Regulation Q* (12 CFR 217): «*Payment of Interest on Deposits*», Washington, D. C.

BOARD OF GOVERNORS, *Staff Projection for 1969.* — BOARD OF GOVERNORS OF THE FEDERAL RESERVE SYSTEM, *Staff Projection of Economic and Financial Developments in 1969,* 25 febrero 1969, anexo al informe de William McChesney Martin antes Comité de Unión Económica, Washington, D. C. 26 febrero 1969.

BORTOLANI, *Le funzioni della BRI.* — SERGIO BORTOLANI, *Le funzioni monetarie della Banca dei Regolamenti Internazionali.* Giufirè, Milano, 1968.

BRIMMER, *Euro-Dollar Flows and the Efificiency of U. S. Monetary Policy.*--ANDREW F. BRIMMER, *Euro-Dollar Flows and the Efficiency of U. S. Monetary Policy,* documento presentado antes de la Conferencia sobre Wall Street y la Economía en New School for Social Research, Nueva York, 8 marzo 1969.

BUREAU OF THE CENSUS, *U. S. Census of Population, 1960.*—Bureau of the Census, *1960 Census of Population,* Vol. I: *Characteristics of the Population,* Part I: *United States Summary,* U. S. Government Printing Office, Washington, D. C., 1964.

BUSINESS WEEK, *Loosening a Fed Rein.*—Business Week, *Loosening a Fed Rein,* McGraw-Hill, Nueva York, 8 febrero 1969.

COX, *Loan-Deposit Ratio.*—Jack W. Cox, *Developments in the Commercial Bank Loan-Deposit Ratio,* en «Monthly Review», Federal Reserve Bank of New York, Nueva York, marzo 1966.

DAANE, *A Central Banker Reappraises CD's.*—J. Dewey Daane, *A Central Banker Reappraises CD's,* Remarks before the 19th National Credit Conference, American Bankers Association, Nueva York, 31 enero 1967.

DELL'AMORE, *Depositi.* —Giordano Dell'Amore, *I depositi nell'economia delle aziende di credito,* Giuffrè, Milano, 1951.

DELL'AMORE, *Prestiti.*—Giordano Dell'Amore, *Economia delle aziende di credito.* Vol. I: *I prestiti bancari,* Giuffrè, Milano, 1965.

EINZIG, *London Dollar Certificates of Deposit.*—Paul Einzig, *London Dollar Certificates of Deposit,* en «Quartely Review», Banca Nazionale del Lavoro, Roma, diciembre 1966.

ENTINE, *Monetary Economics Readings.*—Alan D. Entine, *Monetary Economics Readings,* Wadsworth Publishing Co., Belmont, California, 1968.

ETTIN, *The Development of American Financial Intermediaries.* Edward C. Ettin, *The Development of American Financial Intermediaries,* en «The Quarterly Review of Economics and Business», University of Illinois, verano 1963, n. 2, págs. 51-65.

FEDERAL RESERVE BANK OF CLEVELAND, *Certificates of Deposit.*—Federal Reserve Bank of Cleveland, *Negotiable Time Certificates of Deposit, en* «Money Market Instruments», 2.ª ed., noviembre 1967.

FEDERAL RESERVE BANK OF CLEVELAND, *Federal Agency Securities.*—Federal Reserve Bank of Cleveland, *Federal Agency Securities,* en «Money Market Instruments», 2.ª ed., noviembre 1967.

FEDERAL RESERVE BANK OF NEW YORK, *Market Statistic Division.*—Federal Reserve Bank of New York, *Market Statistic Division,* Nueva York, 1969.

FEDERAL RESERVE BANK OF RICHMOND, *Dealer Loans and Repurchase Agreements.*—Federal Reserve Bank of Richmond, *Dealer Loans and Repurchase Agreements,* en «Instruments of the Money Market», febrero 1968.

FEDERAL RESERVE BULLETIN, varios años. — BOARD OF GOVERNORS OF THE FEDERAL RESERVE SYSTEM, *Federal Reserve Bulletin,* Washington, D. C., varios años.

FIELDHOUSE, *Certificates of Deposit.* — RICHARD FIELDHOUSE, *Certificates of Deposit,* The Bankers Publishing Company, Boston, 1962.

GUTTENTAG-DAVIS, *Compensating Balances.* — JACK M. GUTTENTAG-RICHARD G. DAVIS, *Compensating Balances,* en «Monthly Review», Federal Reserve Bank of New York, Nueva York, diciembre 1961.

HEEBNER, *Negotiable Certificates of Deposit.* — GILBERT A. HEEBNER, *Negociable Certificantes of Deposit: the Development of a Money Market Instrument,* en «Tre Bullein», n. 53-54, New York University, febrero 1969.

HETH, *The CD in American Banking.* — MEIR HETH, *The CD en American Banking: Retropect and Prospect,* en «Quarterly Review», Banca Nazionale del Lavoro, Roma, marzo 1968.

KARDOUCHE, *The Current Expansion.* — GEORGE K. KARDOUCHE, *The Current Expansion: Operation Twist, Interest Rates, and Monetary Ease,* en «The Conference Board Record», Nueva York, marzo 1966, n. 3.

KLOPSTOCK, *Euro-Dollars in the Management of U. S. Banks.* — FRED H. KLOPSTOCK, *Euro-Dollars in the Liquidity and Reserve Management of United States Banks,* en «Monthly Review», Federal Reserve Bank of New York, Nueva York, julio 1968.

KNOX, *A History of Banking in the United States.* — JOHN J. KNOX, *A History of Banking in the United States,* Bradford Rhodes and Co., Nueva York, 1903.

KREPS-PUGH, *Money, Banking and Monetary Policy.* — CLIFTON H. KREPS, JR.-OLIN S. PUGH, *Money, Banking and Monetary Policy,* The Ronald Press Co., Nueva York, 2.ª ed, 1967.

LAW-CRUM, *New Trend in Finance.* — WARREN A. LAW. M. COLYER CRUM, *New Trend in Finance: The Negotiable CD,* en «Harvard Business Review», Boston, Mass., n. I, enero-febrero 1963.

LYNN, *The Eight Major New York City Bank during 1966.* — DOLORES P. LYNN, *Reserve Adjustaments of the Eight Major New York City Bank during 1966,* Estudio preparado por el Steering Committe for the Fundamental Reappraisal of the Discount Mechanism nombrado por el Board of Governors of the Federal Reserve System, agosto 1967 (revisado en julio 1968).

MARTIN, *Statement before the Committee on Government Operations.* — WILLIAM MCCHESNEY MARTIN, *Statement before the Permanent Subcommittee on Investigations of the Committee on Government*

Operations, United States Senate, Washington, D. C., 16 marzo 1965.

MORRISON-SELDEN, *Time Deposit Growth and the Employment of Bank Funds.*—GEORGE R. MORRISON-RICHARD T. SELDEN, *Time Deposit Growth and the Employment of Bank Funds,* Estudio preparado por el Trustees of the Banking Research Fund, Association of Reserve City Bankers, Chicago, 1965.

MUNN-GARCIA, *Encyclopedia of Banking and Finance.*—GLENN G. MUNN-F. L. GARCIA, *Encyclopedia of Banking and Finance,* The Bankers Publishing Co., Boston, Mass., 6ª ed., 1962.

RITTER, *Bank Liquidity.*—LAWRENCE S. RITTER, *Bank Liquidity Re-examined,* Estudio preparado por el Trustees of the Banking Research Fund, Association of Reserve City Bankers, Chicago, 1967.

RITTER, *Regulation Q.*—LAWRENCE S. RITTER, *Regulation Q: Issues and Alternatives,* Estudio preparado por el Trustees of the Banking Research Fund, Association of Reserve City Bankers, Chicago, 1965.

SALOMON BROTHERS & HUTZLER, *Bond Markea Review.*—SALOMON BROTHERS & HUTZLER, *Bond Market Review,* Nueva York, 1.° noviembre 1968.

SCOTT, *European Capital Markets.*—IRA O. SCOTT, JR., EUROPEAN *Capital Markets,* Publicación de Comptroller of the Currency, McCall Printing Co., USA, 1968.

SHAPIRO-SOLOMON-WHITE, *Money and Banking.*—ELI SHAPIRO-EZRA SOLOMON-WILLIAM WHITE, *Money and Banking,* 5.ª ed., Holt, Rinehart and Winston, Inc., 1968.

SMITH, *The Instruments of General Monetary Control.*—WARREN L. SMITH, The *Instruments of General Monetary Control,* en «National Banking Review», The Comptroller of the Currency, Washington, D. C. septiembre 1963.

TAMAGNA-SOLOMON, *Le fusioni bancarie negli USA.*—FRANK M. TAMAGNA-ELINOR H. SOLOMON, *Le fusioni bancarie negli Stati Uniti d'America,* en «Il Risparmio», Milano, n. II, noviembre 1966.

THE MORGAN GUARANTY SURVEY, *CD's, Euro-Dollars, and Monetary Policy.*—THE MORGAN GUARANTY SURVEY, *CD'S, Euro-Dollars, and Monetary Policy,* Morgan Guaranty Trust Company, Nueva York, febrero 1969.

THE WALL STREET JOURNAL, *Major Banks Raise Prime Rate* THE WALL STREET JOURNAL, *Major Banks Raise Prime rate to 7%; Move is Expected to Cool the Economy,* Nueva York, 8 enero 1969.

TREADWAY, *Negotiable Certificate of Deposit.* — CHARLES T. TREADWAY, *The Negotiable Certificate of Deposit: a Money Market Instrument,* Manufactures Hanover Trust Co., New Brunswick, junio 1965.

WILLIS, *Federal Funds Market.* — PARKER B. WILLIS, *The Federal Funds Market: Its Origin & Development,* 3.ª ed., Federal Reserve Bank of Boston, Boston, 1968.

WILLIS, *Secondary Market for CD's.* — PARKER B. WILLIS, *The Secondary Market for Negotiable Certificates of Deposit,* Estudio preparado por el Steering Committee for the Fundamental Reappraisal of the Discount Mechanism nombrado por el Board of Governors of the Federal Reserve System, 23 febrero 1967.

WOJNILOWER-SPEAGLE, *The Prime Rate.* — ALBERT M. WOJNILOWER-RICHARD E. SPEAGLE, *The Prime Rate,* en «Essay in Money and Credit», Federal Reserve Bank of New York, 1964.

Los Certificados de Deposito
en el sistema bancario estadounidense
de SERGIO BORTOLANI
se imprimió en la República Argentina en mayo de 2021.

www.ingramcontent.com/pod-product-compliance
Lightning Source LLC
LaVergne TN
LVHW082239051026
849532LV00012B/4051
* 9 7 8 9 5 6 7 7 9 9 3 6 7 *